オリンピックの終わりの始まり

谷口源太郎

コモンズ

はじめに

私が初めてオリンピックに関心を持ったのは、一九八〇年の第二二回モスクワ大会(ソ連＝ソビエト連邦)である。

オリンピックは歴史的に、英国やフランスを中心としたヨーロッパの独占物と言っても過言ではない。国際政治における東西冷戦構造も、それを後押ししていた。そうしたなかで、ソ連は一九五二年の第一五回ヘルシンキ大会(フィンランド)からオリンピックに参加し、みるみる頂点を狙う最有力国にのし上がっていく。その実績を背景にしてモスクワ大会招致に動き、開催を実現したのだ。

当時、社会主義国で最初のオリンピックに世界の関心は集中した。そこに、モスクワ大会を通して東西冷戦構造に何らかの変化が起きる可能性もあるのではないか、という期待があったのは間違いない。私もそうした意味で注目していた。だが、周知のように、カーター米国大統領がソ連のアフガニスタン侵攻を理由に、モスクワ大会への不参加を西側諸国に呼びかけ、日本を含む多くの国や地域がボイコット。期待は、あっけなく崩された。

こうした一連の経緯から、国際オリンピック委員会(ＩＯＣ)が看板として掲げてきた「オリンピックは平和運動」の欺瞞性を改めて痛感させられた。西側諸国のボイコットは、オリンピズムの根本原則である「平和な社会の推進」や「政治的に中立」という理念を打ち砕き、オリンピックの存在そのものを否定したに等しい。

モスクワ大会に続く一九八四年の第二三回ロサンゼルス大会（米国）は、東側諸国の報復ボイコットもあったが、それ以上に「商業主義オリンピック」へと大きく変質した。言い換えれば、オリンピックが市場経済に呑み込まれてしまったのだ。

この二つの大会こそオリンピックの歴史で最大のエポックであると、私は捉えている。そこで、この激変を歴史的に検証することでオリンピックの真実に迫れるのではないかと考え、取材を続けてきた。そして、二〇二〇年の第三二回東京大会の誘致活動に直面し、オリンピックの終焉（終わりの始まり）を確信するに至った。

いま、この国で何が起きているのか。

「二〇二〇東京オリンピック」を口実に、経済・政治・文化など社会のあらゆる分野で、「国家ファースト」「マネーファースト」の企てが有無を言わせぬ形で進められている。それは、森喜朗・公益財団法人東京オリンピック・パラリンピック競技大会組織委員会（「オリンピック組織委員会」）会長（元首相）が強調する「オールジャパン体制」に象徴される全体主義的状況である。批判や反対をする者は、「非国民」との非難を覚悟しなければならない。

それでも、勇気をもって東京オリンピック開催に反対する識者の声が心に響いてくる。とりわけ、東日本大震災と東京電力福島第一原子力発電所事故による甚大な被害の影響が続くなかでのオリンピック開催に対して、厳しい批判が起こった。

京都大学原子炉実験所元助教の小出裕章氏は、「核廃絶への道程――福島原発事故後の地平に立って」(『世界』二〇一五年五月号)にこう記した。

「今日、日本中が東京オリンピックの狂騒に誘導されていて、オリンピックに反対すれば非国民であるかのように言われる。しかし、事故当日に発せられた『原子力緊急事態宣言』は、事故から四年たった今も継続中である。今は何よりも福島第一原子力発電所事故を収束させることが大切であり、オリンピックなどに浮かれている時ではない。そのことを、国も東京電力も肝に銘じなければならないし、もしオリンピックに反対して非国民だといわれるのであれば、私は喜んで非国民になる」

また、「三毛猫ホームズシリーズ」で知られる作家の赤川次郎氏は、エッセー集『三毛猫ホームズの遠眼鏡』(岩波現代文庫、二〇一五年)で痛烈なオリンピック批判を展開した。

「国際舞台で、『(原発事故の)状況はコントロールされている』と、堂々と嘘をつき、戦争できる国にすることを『積極的平和主義』と呼ぶ。/……安倍政権を支えたい経団連が『好景気のイメージ作り』をしているだけで、原発の収束も、大地震への備えも、高齢者が増え続ける問題もすべて後回しにして、オリンピックやリニア新幹線に金を注ぎこむ……。十年、二十年後に、どんな地獄が待っているか。

口先だけの首相は、国際社会では通用しない。新たな都市伝説の主人公、『恐怖の口先男』の誕生である。

それにしても、オリンピックの開催地を決めた人たちは、あの安倍発言を信じたのだろうか？子供だって首をかしげる話なのに。さぞかし、色々と裏工作があったことだろう。何しろ『表なし（おもてなし）』と言うくらいだ……」

一方で、赤川氏も疑問視しているように、招致の最終プレゼンテーションで安倍晋三首相の歴史に残る大嘘を受け入れたＩＯＣの低劣な資質も批判しなければならない。

さらに、二〇一三年に東京オリンピックの開催が決定して六年後、日本オリンピック委員会（ＪＯＣ）の会長で、東京二〇二〇オリンピック・パラリンピック招致委員会理事長も務めた竹田恒和《つねかず》氏の招致に関わる贈賄疑惑が浮上。ＩＯＣの金権体質に司法のメスが入るかどうかという状況に直面し、ＪＯＣは自滅の危機に陥っている。そうした負の積み重ねを経て、二〇二〇年東京オリンピックの先に荒涼たるスポーツ世界が現出するのは間違いなかろう。

それゆえ、これまでの国家主義や過度な市場経済によって人間性を奪われ、腐蝕してしまったオリンピック至上主義（勝利至上主義・エリート主義）をいまこそ否定し、それに代わる連帯や共同性といった人間性あふれる民衆が主役となったスポーツ世界の実現を目指さなければならない。本書がそのための手がかりに少しでもなればと、心から願っている。

◆オリンピックの終わりの始まり◆もくじ

第1章 戦争に屈服したオリンピックの理念

1 クーベルタンの情熱

米国のジョン・J・マカルーンが著した『オリンピックと近代――評伝クーベルタン』(柴田元幸・菅原克也訳、平凡社、一九八八年)は、フランスの貴族、ピエール・ド・クーベルタン(一八六三～一九三七年)が創設した近代オリンピックの本質を浮き彫りにしている。この本を主要な手掛かりにして、原点からオリンピックの歴史をたどってみたい。

クーベルタンが近代オリンピックの創設を成し遂げるまでの経緯は、当人の旺盛な好奇心も手伝って、さまざまな人や出来事との興味深い出会いで満ちている。

若者の教育に強い関心を持っていたクーベルタンは渡英し、パブリックスクール(私立のエリート校)のスポーツ教育に多大な影響を受けた。また、米国の体育・スポーツ関係者とも交流したほか、一九世紀中ごろからオリンピック競技会(米国、英国、フランス、スウェーデン、ドイッ、ギリシャで開かれていた、古代オリンピックを復活させようとする競技会）を見学して、主催者と意見を交わしたという。こうして、彼の近代オリンピック構想が固められていったようだ。

オルガナイザーとしての能力に優れていたクーベルタンは、近代オリンピックの開催に多くの人が賛同するように、積極的に講演を重ねる。当時、古代オリンピックが開かれたギリシャでは、反対の声が根強かった。そのギリシャの文芸クラブでの講演は、後のオリンピック憲章につながる重要な内容を含んでいた。

「健全な民主主義、平和を愛する賢明な国際主義が新しいスタジアムを包み、無私と名誉の精神をその場に育むことでしょう。そうした精神に助けられて、運動選手たちは、肉体を鍛えるという務めを果たすのみならず、道徳教育、社会平和の促進にも一役買うことができるでありましょう。だからこそ、オリンピックを復興し、四年ごとに開き、世界じゅうの若者たちに友好と博愛の精神に包まれた出会いの場を提供しなければならないのです。そうした出会いを通して人々は彼らすべてにかかわる物事を学び、やがては、憎悪を生み誤解を育む無知、野蛮な道程を経て冷酷無比の争いに至る無知から遂に解放されることでしょう」（前掲『オリンピックと近代』）

一八九四年六月、フランス・パリのソルボンヌ大学講堂でフランス・スポーツ連盟が企画した「アマチュアの定義の確立」と「国際的スポーツ競技会の促進」をテーマとする国際会議が開催された。この国際会議に便乗してクーベルタンは、近代オリンピック開催を提案する。英国アマチュア陸上競技協会連盟会長のC・ハーバートと米国のプリンストン大学教授のW・M・スローンの協力を得て議題をまとめ、前もって一月に草案をスポーツ関連団体に送ったのだ。反響は大きく、「賛同」の声が圧倒的に多かったという。

国際会議は六月一六日から二四日まで開かれ、フランスをはじめ英国、米国、ロシア、イタリア、スペイン、ギリシャ、スウェーデンなど一二カ国から四九団体の代表七九人が出席した。体育・スポーツ関係者だけでなく、教育者や著名人も含まれている。

アマチュア問題に関する議論は難航して決議に至らなかったが、終了日前日の二三日、クーベルタンが発案した近代オリンピック開催については満場一致で承認された。同時に、主催者となる国際オリンピック委員会（ＩＯＣ）の設立も決定。六月二三日は後に、万国共通の「オリンピックデー」とされる。

ＩＯＣの設立委員は、クーベルタンをはじめ一五人で、初代会長にＤ・ビケラス（ギリシャ）が就任した。その他の委員は多士済々で、ハーバートとスローンをはじめ、イタリアの貴族、ロシアとスウェーデンの将軍、ハンガリーの博士などである。

さらに、次の四点が決められた。

①一八九六年をもって近代オリンピアード（四年間）の第一年とする。
②大会は四年ごとに各国の大都市で開催する。
③競技種目は近代スポーツに限る。

④第一回大会の一切の準備は、クーベルタンとビケラスに一任する。

パリ会議直後の『ＩＯＣ会報』に掲載された論文でクーベルタンは、「最も気高い情熱」対「卑しい熱情」、「無私の精神、名誉の理念」対「利欲の刺激」、「騎士道精神に富む行動」対「堕落せる行動」、「雄々しくある」対「野蛮」、「平和を促進する」対「戦争を引き起こす」など、スポーツについて二者択一の捉え方をした。もっとも、彼が否定的に捉えている「卑しい熱情」「利欲の刺激」「堕落せる行動」「野蛮」などで具体的に何を言い表そうとしたのかは、明確でない。

マカルーンは『オリンピックと近代』で、こう指摘している。

「クーベルタンが初めから悪に対し決して盲目ではなかったことは明らかだろう。オリンピックが生みだすことになる醜悪な事件、邪悪な快楽、不穏な裏工作などは――少なくともそれらのうち彼が認識しえたものは――、クーベルタンにとって悲しみの種ではあったけれども、決して驚きの種ではなかったのである。十九世紀に生きた功利主義・進歩主義的精神構造の持ち主にはやむをえないことだが、彼に見えなかったのは、悪のドラマ化、善悪の葛藤のドラマ化こそが、やがてオリンピックが地球大に繁栄するために不可欠な要素になる、という一点である」

一方でクーベルタンはある講演において、「低い目標から高い目標へと志向する人びとの道徳形成にスポーツが大きな役割を果たす」と訴えた。この考えは、一九二六年のリスボン（ポルトガル）ＩＯＣ総会で公認されたオリンピックのモットーである「より速く、より高く、より強く」につながる。彼は、スポーツによって人格形成が果たせると確信してオリンピックの開催を発議したのであろう。

❷ 気高い理念と半世紀で三回の中止

ただし、ＩＯＣの設立委員たちが属する国の状況が異なるなかで、近代オリンピック復興の意義を一つにしぼりこむのは容易ではなかった。当時の時代を振り返ってみよう。

英国やフランスは一八世紀に国民国家を形成し、植民地を獲得していった。それを追うように、ドイツやベルギーなども領土獲得に乗り出す。それは先発の英国とフランスの動きを加速化し、世界各地で植民地獲得競争が展開された。

「植民地獲得競争は、アフリカ大陸とほぼ同時に太平洋海域でも繰り広げられ、少し遅れてアジアでも活発化していった。その結果、世界は植民地支配をするいくつもの帝国によって分割され、支配する側と支配される側とに大きく分かれるという様相を呈するに至った。このような世界のことを帝国主義世界体制（以下、帝国世界）と呼ぶ。帝国世界が完成するのは……一九世紀から二〇世紀への世紀転換期であ……る。

帝国世界の形成は、ヨーロッパ諸国の経済力、軍事力の強さによるところが大きかったが、それを支えていたのが、ヨーロッパが体現している『文明』が『野蛮』な人々に対する支配を正当化するという考え方であった。文明をになうヨーロッパが遅れた植民地を支配するのは当然であるというこの考え方(『帝国意識』と呼ぶことができる心性)は、支配される側においても広く受け入れられていた」(木畑洋一『帝国航路《エンパイアルート》を往く――イギリス植民地と近代日本』岩波書店、二〇一八年)

ここで、クーベルタンをはじめＩＯＣの主要なメンバーが植民地を支配するヨーロッパの帝国に属していることを忘れてはならない。

さらに、マカルーンは『オリンピックと近代』で指摘する。

「一八九六年以来、近代オリンピックは常に、国民国家を原理とする近代世界における、愛国主義と国家主義との抜きさしならぬ関係が雄弁に立ち現われる場として機能してきたのである――競争相手たる他国を憎むことなく自国を愛し、自国に奉仕することは可能か？　ライバル国に対する憎悪を、愛国的義務以外の何ものかとして評価することは可能か？」

大会について一切の責任を負うたクーベルタンは、ギリシャの講演でも指摘したように、「健全な民主主義」と「平和を愛する賢明な国際主義」を中心的な理念に据えて近代オリンピックをスタートさせた。そして、ＩＯＣはオリンピック憲章を一九一四年に起草し、二五年に制定される(その後、何度も改正)。当初の第一条「目的」は、こう規定された。

①スポーツの基盤である肉体的・道徳的資質の発達を推進すること。

②スポーツを通じ、相互理解の増進と友好の精神にのっとって若人たちを教育し、それによってより良い、より平和な世界の建設に協力すること。
③全世界にオリンピック原則を広め、それによって国際親善を創り出すこと。
④世界の競技者を四年に一度のスポーツの大祭典、すなわちオリンピック競技大会に参集させること。

この規定から、とくに「平和な世界の建設に協力」をクローズアップして、「オリンピック運動は平和運動」と言われることになる。しかし、現実には、第一次世界大戦で一九一六年の第六回ベルリン大会(ドイツ)、日中戦争で一九四〇年の第一二回東京大会(日本)、第二次世界大戦で一九四四年の第一三回ロンドン大会(英国)の三大会が中止となった。平和を目指したオリンピックの理念や理想は戦争の歯止めにならず、屈服させられたのである。

その後、オリンピック憲章の根本原則に列挙された理念や理想の文言は書き換えられたり、加えられたりしてきた(一九九九年のＩＯＣ臨時総会で大幅に改正)。とはいえ、社会への影響力は失わており、形骸化したと言わざるを得ない。

●第2章● 一九六四年東京大会と新興国競技大会

1 オリンピックに対抗した新興国競技大会

引き揚げた二つの国の選手団

一九六四年一〇月一〇日、秋晴れの青空のもとで第一八回東京大会は開会式を迎えた。この大会の重要な意義とされたのは、「アジアで初めてのオリンピック」である。ところが、オリンピックに初参加するために東京入りしていた朝鮮民主主義人民共和国（北朝鮮）の選手団は、二日前の八日に引き揚げを決定。九日の夜に上野駅から列車で新潟へ向かい、新潟港からソ連船で出国した。さらに、開会式当日の正午には、インドネシア選手団も同国の旅客機で羽田から飛び立った。

なぜ、こうした重大事件が起きたのか。そして、その理由や背景について、報道機関はどう報じたのか。当時、取材に当たっていたスポーツ評論家・川本信正氏は自著『スポーツの現代史』(大修館書店、一九七六年)で、自省をこめてこう記している。

「オリンピック・ムードで浮かれていた当時の世論は、北朝鮮とインドネシアの引揚げに対して、『わるいのは、政治的動機によるルール違反』という見方が、圧倒的であった。新聞の論調を見ても、その『政治』の意味を、この時点で考えたものは、ほとんど見当たらない」

では、両国選手団の引き揚げの背景にあった「政治」とは、どういうものだったのか。

この出来事には、前年の一九六三年一一月一〇日から二二日までインドネシアの首都ジャカルタで開催された「新興国競技大会(The Games of the New Emerging Forces, : GANEFO)」が深く関係している。この大会は、国際オリンピック委員会(IOC)が主催するオリンピックに真っ向から対抗するものだったからだ。当時のスカルノ・インドネシア大統領は、新興国競技大会の開催意義について、IOCへの反発を露わにする声明を発表した。

「IOCの反動性を糾弾し、オリンピックに対抗し、しかも真のオリンピック精神を宣揚するため、世界の新興第三勢力を結集して、反帝国主義・反植民地主義をスローガンとする国際競技会(GANEFO)を一九六三年一一月にジャカルタで開催する」

この大会に参加した選手は、インドネシア、中国、北朝鮮、ベトナム民主共和国(北ベトナム)、パレスチナ、アラブ連合共和国(現在のエジプトとシリア)、アルバニア、カンボジア、セイロン(現スリランカ)、モロッコ、ナイジェリア、ソ連、日本など五一カ国から二七〇〇人。「参加したらオリンピックへの出場資格を剥奪する」というＩＯＣや陸上、水泳、重量挙げなどの国際競技連盟の脅しに屈しなかった選手たちである。大会では、中国選手の活躍が目立った。

平和一〇原則を生かした旗揚げ

スカルノ大統領がＩＯＣを強く批判する契機になったのは、一九六三年二月にＩＯＣ理事会がインドネシア・オリンピック委員会に下した加盟権停止という厳重処分である。

この処分には、前年にジャカルタで開催された第四回アジア競技大会（八月二四日〜九月四日）における台湾とイスラエルの扱い方をめぐる問題が絡んでいた。大会開催直前にインドネシア政府は、台湾とイスラエルの選手団に対して、入国を認めないと発表したのである。表面上は入国手続きの問題とされたものの、スカルノ大統領の政治判断によるという見方が強かった。川本氏は事態をこう読んでいた。

「五五年のバンドン会議いらい、スカルノ政権は中国と親密の度を加え、六一年には、中国の劉少奇主席がジャカルタを訪問し、インドネシアとの間に友好条約が結ばれた。……一方では、同じ回教徒として、アラブへの大義があった。スカルノ大統領が、中国とならぶ第三世界の指導者を自負していたのも当然である。

アジア競技大会は、このようにして、ジャカルタ・北京・カイロ枢軸のうえで開催され、インドネシア政府は、競技施設のためにも、中国から多くの資金援助をうけていた。そのインドネシア政府が、台湾とイスラエルの入国を許可しないであろうことは、早くから予想されていたのである」（前掲『スポーツの現代史』）

ＩＯＣによるインドネシア・オリンピック委員会処分を真っ先に批判した中国政府の体育関係組織は、一九六三年二月一四日の『人民日報』に声明を発表していた。

「ＩＯＣのインドネシア制裁は、帝国主義の手先としてのＩＯＣが第三勢力の台頭を恐れ、それこそ不当な差別を加えたものだ」

それから二カ月後の四月二八日に、スカルノ大統領は新興国競技大会の旗揚げを宣言したのである。そこには、一九五五年にインドネシアのバンドンで開催された第一回アジア・アフリカ会議（通称「バンドン会議」）で採択された「世界平和と協力の推進に関する宣言」（平和一〇原則）が生かされている。平和一〇原則は国際社会に多大な影響を与え、現在もその精神は存在意義を失っていない。ここで紹介しておこう。

①基本的人権と国連憲章の趣旨と原則を尊重する。②すべての国の主権と領土保全を尊重する。③すべての人類の平等と大小すべての国の平等を承認する。④他国の内政に干渉しない。⑤国連憲章による単独または集団的な自国防衛権を尊重する。⑥集団的防衛を大国の特定の利益のために利用しない。また、いかなる国も他国に圧力を加えない。⑦侵略または侵略の脅威・武力行使によって、他国の領土保全や政治的独立をおかさない。⑧国際紛争は平和的手段によって解決する。⑨相互の利益と協力を促進する。⑩正義と国際義務を尊重する。

JOCと日本体育協会への波紋

第四回アジア競技大会直前に発表された「イスラエルと台湾の選手団の入国を認めない」というスカルノ大統領の方針に接して、ジャカルタ入りしていた各国選手団は動揺した。IOCとアジア競技連盟（AGF）の憲章に違反しているとして、インドなどから大会中止を求める声も上がるなか、日本選手団（参加選手二五二人）は、引き揚げか参加か迷った末に、参加を選んだ。『日本体育協会七十五年史』（日本体育協会、一九八六年）に、その経緯が記されている。

「大会そのものの性格について疑義を生じたため、現地派遣の選手団役員も大会の開会式ならびに競技に参加すべきかどうかの判断に迷った。本国からの情報は即刻引きあげるべきであるとの意見が強かったが、現地に滞在の東南アジアの選手団は日本はどうするのかと、しきりに相談を持ち込む有様であった。これに対し、現地の日本選手団本部の結論は『われわれは競技を行うために派遣されたのであるから、外交上の事態に変わりがなければ最後まで競技を放棄すべきではない』ということになり、大会参加の国々にその旨を伝えたところ、各国とも日本を支持し問題未解決のまま、ウエイトリフティング（国際連盟会長が警告）を除く全種目に参加、大会を終了して帰国した」

帰国した日本選手団を待ち受けたのは、厳しい批判の嵐だった。とくに日本体育協会（以下「日体協」）の理事に名を連ねる反共思想の財界人は、辞任で抗議するという強硬手段を採る。

「経団連会長で日本体育協会の理事でもあった永野重雄氏は、『文芸春秋』に寄稿して、『憲章に違反していると知りながら、このような（容共的な）大会に参加した体協を援助するのは、ミルクを川に流し、パンを野に捨てるようなものだ』と書き、桜田武、早川勝両氏など、体協役員に列なっていた財界人とともに、体協を去った」（前掲『スポーツの現代史』）

日本オリンピック委員会（ＪＯＣ）は、厳しい自己批判を込めて統一見解を発表した。

「現地における措置の経過については不手際が多く、そのため各方面の論議をまきおこしたことについて強く反省する」（前掲『日本体育協会七十五年史』）

財界関係理事の批判に屈した日体協とＪＯＣは、トップの首のすげ替えで事態の収拾を図った。東京オリンピック招致などで中核的な役割を果たしてきた、津島寿一ＪＯＣ委員長・日体協会長兼組織委員長と田畑政治ＪＯＣ総務主事兼組織委員会事務総長は、いずれも辞任。日体協会長には石井光次郎（自民党衆議院議員、通産大臣・法務大臣などを歴任）、ＪＯＣ委員長には竹田恒徳（旧皇族・陸軍中佐）がそれぞれ就任した。

新体制の日体協とＪＯＣが真っ先に直面したのは、新興国競技大会への対応だ。当時、日体協で国際事業を担当していた幹部職員・森本哲夫氏の記した貴重な記録『スポーツ拙文録』（私家版、一九九五年）がある。そこから、関連する重要な記述を引用しよう。

「ＩＯＣは、ＧＡＮＥＦＯ（新興国競技大会：筆者注）が一九五五年バンドンでのＡＡ（アジア・アフリカ）会議の精神、すなわち『新興諸国間の共存共栄』を目的に織り込んだ憲章を制定し、

ＩＯＣ憲章の根本原則に反する政治的色彩の濃い大会であること、また同大会参加国にＩＦ（国際競技連盟：筆者注）未加盟の国が多いこと――などから『ＧＡＮＥＦＯに参加することによりＩＯＣ加盟国としての資格を喪失する危険がある』旨の警告を各ＮＯＣ（各国オリンピック委員会：筆者注）に発していた。

このため体協（日体協：筆者注）・ＪＯＣは、一九六三年九月四日に同大会不参加の方針を決定するとともに、加盟各競技団体にもその趣旨を伝え、未然にトラブルを防ぐための措置を講じた。しかし体協・ＪＯＣとは無関係に設立されたＧＡＮＥＦＯ派遣団体を通じて、ごく少数の競技団体登録選手が第一回ＧＡＮＥＦＯに参加している」

参加した日本選手は、日体協・ＪＯＣと無関係な日本ガネフォ委員会によって集められた。「日中文化交流協会と日中および日本インドネシア友好商社のあっせんで、日本ガネフォ委員会を設け、有志を募って、六十九名の選手団（頭山立国団長）が参加した。頭山団長は日本最初の本格的右翼団体、玄洋社を創立した頭山満氏の孫で、日本のガネフォ参加には、友好商社と一部右翼勢力の共同演出という奇妙な特徴があった」（前掲『スポーツの現代史』）

頭山立国（当時、国士舘大学理事長）は、中国やインドネシアなどの軍人の亡命を支援した祖父・頭山満がアジアに築いた人脈を継いでいたと思われる。「じいさん（満）がアジアをぼろぼろにしてしまったんで、その罪滅ぼしのつもりで、カネ（新興国競技大会に参加する選手団派遣費用）を出そうと思ったんだ」と語っていたという。

世界のスポーツ界に与えた衝撃

第一回の新興国競技大会終了後、参加国の代表によってGANEFO評議員会が開催され、オリンピック憲章に対抗する独自の憲章が採択された。そのバックボーンとされたのは、前述した平和一〇原則である。憲章の前文は次のように謳っている。

「われら新興勢力の人民は、スポーツとは、人間と民族とをつくりあげ、国際間の理解と善意をつくりだす手段として役立つものと考え、あらゆる形態の植民地主義と帝国主義から解放されて、この世界を新しく築きあげることを望み、相互の民族的統一と民族的主権の尊重を保障し、友好を強め、諸民族間の永続的な平和と人類の兄弟関係を目的として協力をつちかうという一九五五年のバンドンにおけるアジア・アフリカ会議の精神に基づく諸民族の共同体の発展を切望しつつ、ここにこれら諸理想の達成をかちとるために、新しい国際スポーツ運動を発展することに同意した」

そして第一条の「目的」は、こう規定された。

「GANEFOは、バンドン精神とオリンピックの理想に基づくものである。GANEFOは、次のことを目的とする。①新興勢力のすべての諸国のスポーツ、体育、スポーツ運動の自主的発展を促進するように励まし合うこと。②新興勢力の青少年の間の友好関係をつちかい、うちかため、広く友好と平和を進めるため、新興勢力の青少年の間のスポーツ競技を促進すること」

新興国競技大会は、「バンドン精神」だけでなく「オリンピックの理想」までバックボーンに取り込んだ。その意味するところは、あらゆる形態の帝国主義・植民地主義からの解放による世界平和の実現を目指すバンドン精神に基づいてこそ、オリンピックの平和運動としての理想も達成できる、という主張であろう。それは同時に、欧米の帝国主義・植民地主義を黙認しながら「平和運動」の理想を掲げるだけのＩＯＣに対する痛烈な批判でもあった。

反帝国主義・反植民地主義をスローガンに新興諸国が結集した新興国競技大会が西側先進国の支配のもとにあった世界のスポーツ界に与えた衝撃は、相当に大きかった。だからこそ、ＩＯＣや各国際競技連盟は新興国競技大会への反発を強めていく。そして、参加選手に対して東京オリンピックへの出場資格を剥奪する制裁を加えたのだ。

東京大会に参加するために訪日したインドネシアと朝鮮民主主義人民共和国（北朝鮮）の選手団には、資格を剥奪された選手が含まれていた。各国際競技連盟の姿勢は強硬で、制裁を解除しない。こうして本章の冒頭で述べたように、両国の選手団が東京から引き揚げる結果になった。

東西対立を克服できなかった日本のスポーツ界

それから一年後の一九六五年九月三〇日、インドネシアで政変（クーデター）が起き、スカルノ大統領が失脚。陸軍司令官であったスハルトが実権を握る。このクーデターは新興国競技大会を直撃し、六七年にエジプトのカイロで行われる予定だった第二回大会は中止となる。

さらに、中ソ対立の激化や米軍の北ベトナム爆撃など政治情勢が緊迫するなかで、新興国競技大会の前途は多難を極めた。それでも、スハルト大統領を強力にバックアップしてきた中国が主導権を引き継ぎ、対象地域を縮小して、「アジア新興国競技大会」の開催に動き出す。というのも、当初からアジア、アフリカ、ラテン・アメリカに地域ごとの委員会を設けて、各地域で大会を実施する方針を採り、アジアで最初に開くことを決めていたからである。

中国はその既定方針の具体化を図り、一九六六年一一月二五日から一二月六日に、カンボジアの首都プノンペンで第一回アジア新興国競技大会を開催した。当時のカンボジアの元首は、親中派のシアヌーク国王である。参加国は日本を含む一七カ国だった。

ただし、日体協とJOCは開催の二年以上前の一九六四年四月に、不参加を加盟団体に通知していた。川本信正氏は『スポーツの現代史』で、この不参加決定について「その理由に、反共意識と冷戦感覚が潜在していたことはいうまでもない」と指摘している。

この大会の一カ月後、タイの首都バンコクで、新興国競技大会と対立するアジア競技連盟主催の第五回アジア大会が開かれ、日本選手団も参加した。この二つの大会について、拙著『日の丸とオリンピック』(文藝春秋、一九九七年)では、こう記した。

「先進国間の東西冷戦構造は、アジアのスポーツ界でも西側のIOCとつながるAGF(アジア競技連盟：筆者注）と東側のGANEFOが対立するという状況を生み出した。体協・JOCは、東西の対立を強めこそすれその克服に何一つ貢献することができず、GANEFOでは中国が主導権を握っていった」

また、両大会を取材した読売新聞記者が開会式の雰囲気を伝えた貴重な談話を川本氏は『スポーツの現代史』で紹介している。

「私はガネフォと両方見てきましたが、ガネフォの方が、質実というか風格というか、緊迫感がありましたね。……僕と一緒に行ったカメラマンは、バンコクの開会式を見て、〝しおれた野菜〟という表現をしましたが、プノンペンの開会式を見た者にとっては、たしかにそのような感じがしましたね」

矛盾をかかえ続けたＩＯＣ

第一回アジア新興国競技大会が開催された一九六六年に、中国では国内外に大きな衝撃を与えた文化大革命が起き、七六年まで続く。大会の主導権を引き継いだ中国の政治闘争の影響で、新興国競技大会もアジア新興国競技大会も二度と開かれることはなかった。だからと言って、その歴史的意義が消えたわけではない。

バンドン会議を契機に高まったアジア・アフリカ・ラテンアメリカにおける民族解放運動や社会運動は、第二次世界大戦後の米ソを中核とする二極化した冷戦構造に風穴を開けていく。

そして新興国競技大会の意義は、冷戦構造に異を唱えず、「スポーツを通して平和な世界の建設に協力する」という理念を憲章に掲げるＩＯＣの実際の行動との根源的な矛盾を厳しく糾弾したことにある。

ＩＯＣはこれを黙殺したばかりか、参加者をオリンピックから排除するという強圧的な姿勢を取った。しかし、新興国競技大会が糾弾したこの矛盾を無視するずさんさが、オリンピックの大きな変質を招いていく。それについては第3章と第4章で詳述したい。

2 東京大会がもたらした負の構造

ロンドンオリンピックの挫折

一九六四年に開催された東京大会の招致で中心的な役割を果たしたのは、日本水泳界のリーダーとして活躍する一方で、日体協やＪＯＣで要職を務めた田畑政治《たばたまさじ》（東京大学水泳部出身、一九二四年から五二年まで朝日新聞記者）であろう。

一九二四年に設立された日本水泳連盟（以下「水連」）は、二年後に早くも「オリンピック第一主義」を標榜し、オリンピックに向けた選手強化に取り組んだ。田畑はその水連でも、戦前は名誉主事、戦後は会長（一九四六年就任）として牽引役を果たしてきた。クーベルタンの信奉者である彼は、水連の「オリンピック第一主義」のバックアップもあって、オリンピック招致をひそかに目論んでいた。

「彼（クーベルタン：筆者注）は愛国者であると同時に、平和愛好者であり、精神主義者であり、合理主義者であり、尚、かつ理想主義者であった事は明らかである。……／私は今こそクーベルタン精神を日本に再現しなくてはならない。民心に新しい息吹を注入するには、オリンピックしかない。近い将来、東京でオリンピックを開くチャンスが必ず来ると確信を持っていたし、また、来させなければならないと思っていた。私はあくまでも東京オリンピックの実現に努力しようとかたく心に誓い、そのための地ならし工作を誰にもいわず、私一人で黙々と続けていたのである」（田畑政治『スポーツとともに半世紀』静岡県体育協会、一九七八年）

田畑が水連会長として痛烈な悔しさを味わわされたのは、奔走もむなしく一九四八年に開催された第一四回ロンドン大会（英国）への日本の参加が認められなかったことである。その悔しさを田畑は挑戦へと転換した。ロンドン大会の水泳競技が行われるのと同じ日に、同じスケジュールで日本選手権水泳競技大会を開き、日本の実力を世界に知らしめようとしたのだ。実際、田畑は挑戦的な意志を前面に出した開会あいさつを行った。

「戦争によって中断されていたオリンピック大会は、十二年振りでロンドンにおいて華々しく開催されていますが、残念ながら、我々はこれに参加できないので、やむを得ず、全日本水上選手権大会をロンドン大会と同時期に開催して、彼我の優劣を記録の上で競うことにしました。世界水泳界の耳目は、じつにこの大会に集中されているのです。昨年から本年にわたって、古橋（廣之進：筆者注）君や、橋爪（四郎：筆者注）君らの出した世界的大記録で、戦後気の滅入っている同胞の気持ちをどれほど自信力を取りもどすに役立ったか。その影響は決して少なくないのであります。その意味で諸君のワン・ストローク、ワン・ビートは民族の興隆に直結しているといいえるのであります。本大会に出場する選手諸君は、日本代表選手としてロンドン大会に出場している意気込みで頑張ってください」（ベースボール・マガジン社編『人間 田畑政治』ベースボール・マガジン社、一九八五年）

田畑が言う「クーベルタン精神」はどこかに吹き飛び、勝利至上主義による愛国心や民族意識の高揚への意欲ばかりが目立つ、あいさつである。

次に田畑が企んだのは、一九四九年八月に開催される全米屋外水泳選手権大会に選手団を送り込むことだった。粘りに粘りぬいて、連合国軍最高司令官マッカーサー元帥の特別許可を得るのに成功し、米国遠征を実現する。さらに、一九五二年の第一五回オリンピックヘルシンキ大会（フィンランド）への参加が認められ、田畑は選手団長として現地に乗り込んだ。

「金儲けになる」オリンピックを招致

海外に積極的に出て行き、日本の存在を認識させるという田畑の方針の裏に、オリンピック招致があったのは言うまでもない。そして、オリンピック招致の企てを実行へと踏み出させたのは、ヘルシンキ大会の組織委員長でIOC委員だったフレンケルの次のような熱心なアドバイスだったと、田畑は明かしている。

「衣食住にもこと欠くいまの日本で、多額の経費のかかるオリンピックなどやろうといっても、国民に相手にされないどころか、かえって逆効果になって、オリンピックそのものまで否定されることをおそれているのだろう。だが、私は、自分の経験に基づいてはっきりいえるが、それは違う。オリンピックは金儲けになるのだ。経済的に見ても、日本のためになるから、あえて東京でやれ、といっているのだ。自分もIOC委員である。オリンピックの世界で、金儲けなどという言葉はタブーであることぐらい十分承知している。しかし、それを承知のうえで、敗戦日本が文化国家として立ちあがるためにオリンピックを利用することは許されていいし、遠慮はいらない。……本気でやれば必ず成功するし、日本再建に役立つはずだから、ぜひやれ」（前掲『人間 田畑政治』）

ヘルシンキ大会を契機にフィンランドへの観光客が四〇％増えたなど具体的な数字を裏付けにして、東京オリンピックが実現すれば日本への観光客は飛躍的に増えて「金儲けになる」と言い切ったフレンケルの言葉で、田畑がかかえていた財政面の悩みが一気に解消された。そして、朝日新聞政治部出身だけに政界に顔がきく強みを発揮し、フレンケルのアドバイスを生かした財政計画をまとめて、当時の岸信介首相を訪ね、了承をとりつけたという。財政計画のポイントを要約して紹介する。

「直接経費は二〇〇億円以内。そのうち、選手の滞在費、交通費を含め運営費は約八〇億円。あとは競技場の建設などの設備費。収入は、入場料、テレビ権利金、選手の宿泊負担金、雑収入を加えて約二〇億円」

岸の了承を得た田畑は、正式に招致活動に乗り出す。真っ先に策したのは、招致活動を強化するために、ＪＯＣの会長でＩＯＣの委員を務めていた東《あずま》龍太郎《りょうたろう》を東京都知事選挙に担ぎ出すことだった。周知のとおり、オリンピックは都市が開催主体となるからである。田畑の目論みは見事に成功し、東は一九五九年四月に自民党の推薦で当選。以後都知事を二期務め、招致活動の有力メンバーとなった。東自身、以前から東京を近代都市につくり変える「東京改造プラン」を構想しており、オリンピック招致によってその具体化が可能になると読んだ。

オリンピックの開催はＩＯＣの総会で決まる。東京開催が実現するか否かの正念場となる投票が西ドイツ（当時）のミュンヘンの総会で行われたのは、一九五九年五月二六日。ＪＯＣ総務主事の田畑や東京都知事の東のほか、高石真五郎ＩＯＣ委員、竹田恒徳ＪＯＣ委員長、安井誠一郎前東京都知事、八田一朗ＪＯＣ理事、平沢和重（外交官、重要な通訳の役割を負った）らが現地に乗り込み、投票の行方を見守った。

デトロイト（米国）一〇票、ウィーン（オーストリア）九票、ブリュッセル（ベルギー）五票、そして東京は圧倒的多数の三四票。こうして、東京開催が決まる。

「東京改造」の裏側

東は早速、東京の大改造に取り組んだ。東京都が手掛けたオリンピック関連の直接事業は、競技施設整備などに六五億円、道路・地下鉄など関連事業に約二五〇〇億円。一方、国は東海道新幹線や高速道路の建設、地下鉄整備などに、財政投融資を中心として莫大な資金を注ぎこんだ。都と国を合わせて総額は約一兆円にのぼり、「一兆円オリンピック」とも呼ばれた。

首都高速道路網の建設などで東京は、まさしくコンクリートで埋め尽くされた「近代都市」に変貌。東海道新幹線の開通は、以後の東京一極集中の大きな要因となった。そうした東京の変貌は、「東京改造」を狙った東らにとっては大成功と映ったであろう。

当時のアベリー・ブランデージ第五代IOC会長（米国）は大会の内容についての評価をさておき、新幹線や高速道路をはじめ競技関係のハコモノ（施設）に強い関心を示し、大会後に都庁でこう述べた。

「オリンピックに費やされた金と労力に疑いをいだき、巨大な諸施設の行く末を案ずる人があるかも知れません。しかし、国立屋内総合競技場、国立競技場、日本武道館、それに駒沢オリンピック公園の諸施設は、まことに建築上の傑作であり、スポーツの大伽藍、大殿堂であって、他の神社仏閣と同じく、多くの来館者を集めるでありましょう。……

公共施設の改善に努められ、今日、新しいハイウェイ、地下鉄、鉄道その他多くを有する東京は従前に比し、まことに能率のよい、また魅力に富む都市となりました。思い起こせば、メルボルンで行われた第一六回大会の後で、当時のメンジース首相は私に、オリンピックこそ、オーストラリアの行った最良の投資だと語られたことがあります。メルボルン大会こそは文字どおりオーストラリアを世界に紹介し、その国の経済に非常な発展を与えたものであります。全く同様に、日本が享受するところのものも、測り知れぬものがあります」(前掲『人間 田畑政治』)

自家用飛行機でIOC本部のあるスイスはもちろん、世界を飛び回る大富豪のブランデージらしい発想とも言えた。

しかし、東の実現した東京の大改造に対して、都民からは悲鳴や怒りの声が噴き出す。それらを聞き捨てならぬと体育学者・山本正雄は、中国の友人への手紙に書き残した。

「東京都では、オリンピック関係以外の行政は後廻しの狂躁ぶりです。二〇万世帯に及ぶ給水制限は依然として解かれず、皮肉なことに、このままでは十月のオリンピック開催時の給水が危ぶまれるようになりました。子供の遊び場は東京オリンピックが決定された当時から、少しも解決されず、毎日毎日路上遊びの子供の死傷が限りなく報ぜられております。田無地区では屎尿処理がほったらかしで大問題になり、隅田川べりの地区ではドブの臭気に堪えきれず、住民の避難さわぎがはじまっています。福祉施設を訪ねてまわった作家、遠藤周作さんは『東京五輪に反対ではないが、不幸な人にも配慮を』という一文を紙上にのせて、次のように訴えています――

施設で會った母親たちは『せめてオリンピック予算の一部でもわれわれにまわしてくれたらと泣くように言っていたが……オリンピックとオリンピック精神のために予算を削られ依然として不幸であらねばならぬ人たちが愚痴をこぼし、怒りをぶちまけても当然すぎる程当然だ』

二五才の一主婦のつぎのつつましやかな抗ぎ《ママ》は今の日本の大部分の主婦の気持をいつわりなく表はしています――

『新聞を開きますと『オリンピック選手村のマンモス台所』という記事が目にはいりました。それによりますと選手諸君の一日一人当りの食事の予算は二一〇〇円（六ドル）とのことです。しかし私たちの國民の大半は一日一人当り二〇〇円にも及ばない食事です。オリンピック予算の獲得のため、施設などの弱い人たちがいわれもなく無視されることに、私はたまらない腹立たしさをおぼえます。優秀な選手の競技が目前に見られることはそれぞれの関係者にはすばらしいことかも知れませんが、なぜ無理をしてまでやらなければならないのでせうか』（朝日新聞〝ひととき〟欄）。

オリンピック東京大会の準備状況をまとめた文部省の公式報告（六月五日）によりますと、直接経費と関連経費をあわせて一兆七〇〇億円、直接経費（二五〇億円）のうち選手強化予算は二〇億八八〇〇万円で、日本オリンピック委員会は、出場選手数を約三四〇名と決めましたから、これで見ると、出場選手一人当り約六〇〇万円がその仕上げまでに要する勘定になります」（森

川貞夫・矢野みほ子編『山本正雄―人・生活・思想―』国民スポーツ研究所、一九九三年。読みやすくするために改行を加えた）

田畑の書いた筋書きとお膳立てによってオリンピック開催が実現できたのは事実である。しかし、彼が山本の記したような一般市民の怒りや批判の声に耳を傾けたのかどうかは、残念ながら定かではない。

東京大会から三年後、東の次の東京都知事に就任した美濃部亮吉は、都財政の視点から厳しく批判した。

「一九六〇年から六三年までの東京都の支出総額の二一％、二五〇〇億円がオリンピック費用だった。その他の一般行政費はほとんど増額されず、代々木を中心とするオリンピックに集中したために、東京都の仕事、つまり、都民サービスが非常にアンバランスになってしまった。民生費等生活に直接に関係する費用は、六二年の一三％から六五年の六％と半分以下に減ってしまったし、地域的にもアンバランスになった」

オリンピックを口実にした東の「東京改造」は、ゼネコンなどに莫大な利益をもたらしたが、都民生活に関わる下水道や生活道路などの整備を大幅に遅らせるという重大な負の連鎖をも引き起こした。最近のマスメディアはこぞって、一九六四年の東京大会を感動的な出来事としてノスタルジックに捉える。だが、都民の生命や安心・安全な生活を守る民生部門が大幅に軽視された事実をまったく見ようとしていない。

第3章 ボイコットされたモスクワ大会

1 社会主義国で初のオリンピック

世界の頂点に立って誘致に乗り出したソ連

ソ連が初めてオリンピックに参加したのは、一九五二年の第一五回ヘルシンキ大会(フィンランド)だ。フィンランドは第二次世界大戦でナチス・ドイツの侵攻作戦に対抗するソ連の攻撃を受け、一九四四年九月に降伏。領土の一部を割譲し、巨額の賠償金を支払わされる。ヘルシンキ大会の時点では、その支払いがわずかに残っていた。

それまで、「ブルジョアのスポーツ」と反発し、オリンピックに不参加だったソ連が方針を一転させた背景に、戦勝国と敗戦国の関係があったのではなかろうか。大国であることを世界に知らしめるために、ヘルシンキ大会を格好の舞台と考えたにちがいない。そのことを裏付けるように、ソ連は大会組織委員会に無謀とも言える要求を突きつける。

「大国意識そのままに、新しく選手村をつくらせることを要求したのである。ソビエトは、自由諸国の選手たちとの交流をさける意図もあったようだが、これでソビエト選手団用の千四百人収容の新しい村と、二つの村が出現した。政治の世界では、すでに東西の対立がはじまっていたのである」(川本信正監修『オリンピックの事典――平和と青春の祭典』三省堂、一九八四年)

大会には六九カ国から五八六七人が参加し、ソ連は二九五人の大選手団を送り込んだ。そして、二二個の金メダルを獲得。いきなり、スポーツ大国でもある米国(金メダル四〇個)を脅かす存在にのしあがった。以後、米国とソ連との金メダル争いが激化していく。

一九六〇年の第一七回ローマ大会(イタリア)では、ソ連が金メダル四三個を獲得し、三四個の米国を抜いて世界の頂点に立った。こうしてソ連は、世界最強のスポーツ大国を自負するとともに、当然のようにモスクワへのオリンピック誘致を目標に据えた。モスクワが初めてオリンピックの誘致を申請したのは、一九七六年の第二一回大会である。その開催地は七〇年にアムステルダムで行われる国際オリンピック委員会(IOC)総会で決定する。ソ連はその実績とオリンピックへの前向きな姿勢から、誘致は成功すると信じていたはずだ。では、その結果はどうなったのか。

「このときのモスクワ誘致代表団は、派手な活動をするロサンゼルス、それに一九六六年にもマドリッドとミュンヘン(このときはミュンヘンが選ばれた)と並んで立候補し、ジャン・ドラポー市長というワンマン代表にすべてを託したモントリオールに比べると、ぱっとしない誘致だった。投票での敗北はモスクワにとってはショックだったことは疑いない」（ロード・キラニン著、宮川毅訳『オリンピック激動の歳月――キラニン前ＩＯＣ会長による五輪回想録』ベースボール・マガジン社、一九八三年）

投票結果は、一回目はモスクワ二八票、モントリオール（カナダ）二五票、ロサンゼルス（米国）一七票。上位二都市の決選投票となった二回目はモントリオールが四一票で、二八票から増やすことができなかったモスクワを一三票上回った。

英米に脅威を与えた「ステート・アマ」

ヘルシンキ大会に初登場するや「スポーツ強国」ぶりを見せつけたソ連は、米国や英国など西側諸国に脅威を与える存在となる。そして、それを象徴するかのような新語「シャマチュア」（shamateur、ニセのアマチュアという意味）が英米のジャーナリズムに出現した。

「社会主義国で国家が養成する〝ステート・アマチュア〟や資本主義国で企業に依存する〝コマーシャル・アマチュア〟は、すべてアマチュア規則から逸脱しているのに、それらの選手がアマチュアを偽装し、あるいはアマチュアとして扱われる。ひっくるめて、ニセ・アマチュアではないかというわけだ。

シャマチュアを発生させた直接の原因は、米ソの冷戦体制のなかで激化した〝スポーツ戦争〟

である。五二年のヘルシンキ・オリンピックにソ連をはじめ東欧諸国が登場して以後、オリンピックや世界選手権大会は、米ソの対決を頂点として行なわれた。記録と技能のあくなき追求は、たとえば登山の装備に見られたような科学技術の革新を、施設や用具や、さらにトレーニングに導入することによって、スポーツのレベルは急激に向上し、スポーツの様相が一変した」（前掲『スポーツの現代史』）

「シャマチュア」という英米の非難に、ソ連は動じないばかりか、やり返した。

「社会主義国には、資本主義国にいるようなプロはいない。すべてのスポーツマンは、アマチュアだ」

当時、ＩＯＣの定めたアマチュア規則（オリンピックへの参加資格規定）では、こう定められていた。

①プロはいかなる競技にも参加できない。

②あるスポーツでプロになった者は、他のスポーツでもアマチュアに復帰できない。

③競技会に参加するために失った給料の補償は許されない。

したがって、アマチュアリズムは「プロはいない」とするソ連などの社会主義国には適用されず、先進資本主義国だけに適用されるという変則的な形となる。英米などの西側諸国は、ソ連がローマ大会で世界の頂点に立てたのはアマチュア規則に抵触することなく国策で育成・強化した「ステート・アマチュア」選手の圧倒的な強みを発揮できたからだと考えた。

社会主義が生んだスポーツの成果

しかし、ソ連躍進の理由をステート・アマチュアの存在とする西側諸国の見方は、ソ連のスポーツ事情についてあまりにも認識が不足していた。ソ連では、社会主義に基づいた社会政策によってスポーツの豊かな土壌がつくり出されており、それこそがスポーツ強国となった最大の根拠だったからだ。社会政策による一九六〇年前後の成果について、ポーランドの国際的なスポーツ社会学者であるアンジェイ・ヴォールは、著書『近代スポーツの社会史――ブルジョア・スポーツの社会的・歴史的基礎』（唐木國彦・上野卓郎共訳、ベースボール・マガジン社、一九八〇年）に次のような驚異的数字を挙げている。

「ソ連における農村スポーツマンの数は四七〇万人と計算されている。そこには三二万人のランキング・スポーツマンが含まれる。同時に、ソ連ではスポーツ施設が農村に集中的に建設されている。最新の資料によれば、農村スポーツマンは、一四〇〇以上の運動場群、一三〇〇〇のサッカー場、六一〇〇〇のバスケットボール場を利用している」

さらに重要な点としてヴォールは、農村スポーツ団体などによって行われていた「スパルタキアード」（古代ローマ時代の奴隷反乱軍の指導者・スパルタカスの名をとって命名）の運動を高く評価する。それは、どのような運動なのか。

「ソビエトのスパルタキアードは、一九五三年モスクワにおいて一五の共和国から選手を集め、二一競技について実施したのが第一回である。以後、企業、学校、地区や州、共和国、軍隊、クラブなどの総合競技会も〈スパルタキアード〉の名称によって行われている。四年に一回、原則としてオリンピックの前年に開かれる〈ソビエト全国民スパルタキアード〉は、それらの各種のスパルタキアードで勝ち抜いてきた競技者だけが参加することができ、ハイレベルな大会となっている」（岸野雄三ほか編集、日本体育協会監修『最新スポーツ大事典』大修館書店、一九八七年）

そして、スポーツで成し遂げたソ連の偉業をヴォールは、こう総括する。

「この偉業は、大々的な組織活動によるだけでなく、社会主義諸国が農村スポーツに費してきた巨額な金額によるものでもあり、また社会主義的な条件の下では、難なくスポーツ施設の建設用地を農村に確保することができるという事実によるものである」（前掲『近代スポーツの社会史』）

当時のソ連がスポーツの大衆化路線とチャンピオンシップ志向の競技力向上を矛盾することなく両立させ、偉大な成果を上げ得たのは、社会主義国であったからにほかならない。ソ連の影響は広がり、当時の東ドイツやチェコスロバキア、ブルガリアなどでも競技大会に「スパルタキアード」の名称が用いられていった。

こうした社会主義に基づく徹底したスポーツ大衆化路線を高く評価するヴォールは、さらに記す。

「ドイツ民主共和国（旧東ドイツ：筆者注）では、全人口の三分の一がスポーツ運動に参加することを計画している。ソ連でも、五〇〇〇万人（そのうち一七〇〇万人が競技スポーツマン）、つまり、人口の約四〇％がスポーツに参加することが可能になるようなスポーツの発展を考えている。これは、資本主義国では夢にも思えないような数字である」（前掲『近代スポーツの社会史』）

ほとんどの西側諸国がモスクワに投票

一方で、ソ連のいわば「万人のためのスポーツ」は一九四〇年代に方向転換していたと指摘するのは、英国ブライトン大学のアラン・トムリンソン教授（社会学）だ。

「ソ連のスポーツは、一九四〇年代後期にオリンピック大会参加を決定したことによって、一流選手を育成するための国策として、それまでとはまったく異なる方向に向かった。たとえば、宇宙開発競争と同様に、国家主導の重要政策としてスポーツは、めざましい成功を収めた」（アラン・トムリンソン著、阿部生雄他監訳『スポーツの世界地図』丸善出版、二〇一二年）

ともあれ、こうしてソ連はスポーツ大国・スポーツ強国を実現し、オリンピック大会の招致に乗り出していったのだ。

一九八〇年の大会を決める七四年のＩＯＣ総会（ウィーン）では、モスクワのライバル都市はロサンゼルス（米国）のみだった。投票の結果は、モスクワ三九票対ロサンゼルス二〇票。

ただし、IOC会長として初めて大会開催都市の決定に立ち会った第六代のロード・キラニン卿（アイルランド人のジャーナリスト、在任期間一九七二～八〇年）は、「満場一致」と発表した。それが彼の方針だったのだ。このときの投票についての注目すべき裏側を、キラニンは後に回想録で明かしている。

「一九七四年の投票で注目されるのは、西側陣営のほとんどがモスクワに票を入れたことだ。政治が絡む投票ならば、IOCは体質的に保守であるから、あるいは違った結果だったかもしれない。……この投票の結果は広く一般に歓迎された。……

それにしても、体質的に保守色の強いIOCのごとき組織が、あれほど共産主義国の一都市を強く支持したのが、なんとも不思議なことに思えるかもしれない。我々だってモスクワにオリンピックの開催権を与えれば、ソ連はいいところ――つまり共産主義の宣伝に利用されることは百も承知だった。……モスクワに票を投じたIOC委員たちは『緊張緩和』のムードをいく分でも高めようという気持ちもあったと思う。が、これを度外視しても、スポーツの施設および組織能力からいって、モスクワは立候補都市の中ではひときわ傑出していたのだ。国際スポーツルールや規則も専門家の目で徹底的に研究し、その解釈に絶対まちがいのないように完璧を期していた」（前掲『オリンピック激動の歳月』）

オリンピック至上主義の日本オリンピック委員会（JOC）は当然、モスクワに一票を投じた。

2 政治利用されたオリンピック

モスクワ大会を揺るがせたアフガニスタン問題

モスクワ市は、万全の受け入れ体制を整えていった。大会期日は、七月一九日から八月三日までの一六日間。実施競技は、一九七六年の第二一回モントリオール大会と同じ二一。種目は、男子五〇キロ競歩、女子ホッケー、柔道に二階級加わって二〇三。キラニンIOC会長が組織能力とともに「傑出していた」と評価した競技施設は、市内だけでスタジアム六九、体育館二三〇、プール二六など、スポーツ大国にふさわしい充実ぶりである。

加えて、国の威信にかけても成功させたいという意気込みのもとに、開催前年の一九七九年に海外から選手を招待し、プレオリンピックとしてスパルタキアードを盛大に開催。参加国、参加選手数ともに史上最高になると予想され、着々と準備が進められていった。

ところが、一九七九年のクリスマス過ぎに突如、「ソ連のアフガニスタン侵攻」という報道が世界中を駆け巡った。キラニンの耳にも、その情報はすぐに入ってくる。彼はどう受けとめたのか。

「率直にいってその後に見られるような危機に発展するとは、夢にも考えていなかったのだ。

自分が外交問題を専門にした新聞記者であったせいかもしれないが、『侵攻』という言葉をみても、それをすぐさま言葉通りには信用できないのだ。この言葉にはいつも一方的なニュアンスがある。西側のマスコミは『ソ連、アフガニスタンに侵攻』と伝えるが、数年前のベトナムのときは、だれもアメリカの『ベトナム侵攻』とはいっていなかったのだ」（前掲『オリンピック激動の歳月』）

その後、米国政府がソ連への対抗策に動き出すなかで、モスクワ大会のボイコットを狙っていることを察知する。

「穀物輸出を止めたり、工業製品の輸出や商取引を破談にすれば逆にアメリカのほうにマイナスが出る。その点、モスクワ・オリンピックは相手がいちばん手痛い打撃を受ける。攻撃目標としてはまさに絶好のターゲットなのだ」（前掲『オリンピック激動の歳月』）

年が明けて一九八〇年一月の二週目に、米国主導による「モスクワ・オリンピックのボイコット」キャンペーンが始まった。ホワイトハウスの要人からは、「オリンピックをモスクワから他国に移す」「大会の一年延期」という言葉が発せられる。キラニンは米国政府があまりオリンピックの事情に通じてないとして、それらの言葉を一切問題視しなかった。しかし、一月末には容易ならざる事態に立ち至る。

カーター大統領の傲慢で高圧的な要求

一九八〇年一月、ジミー・カーター米国大統領は、後に「カーター・ドクトリン」と呼ばれる政策を発表した。

「ペルシャ湾岸地域を支配しようとする外部勢力による試みはいかなるものであれ、アメリカ合衆国の重大な利害に対する攻撃とみなされ、そうした攻撃は軍事力を含むあらゆる手段によって撃退されるであろう」

この背景とカーターの狙いについて、米国オレゴン大学のジョン・ベラミー・フォスター教授（社会学）は、こう指摘している。

「一九七〇年代後半にアメリカ帝国主義が経験した最も深刻な敗北は、一九七九年のイラン革命だった。これによって、ペルシャ湾とこの地域の原油に対するアメリカの軍事支配の要であったイラン国王が廃位させられた。革命とエネルギー危機によって、中東はアメリカの地球戦略上の最大の懸案事項となった。……アメリカの中東での支配権の表明に続いて、アフガニスタンでソ連軍に対するCIA後援の戦争（史上最大の秘密戦争）が始まった」（『裸の帝国主義――アメリカによる世界支配の追求』渡辺景子訳、こぶし書房、二〇〇九年）

ソ連軍のアフガニスタンをめぐる動きに対して、中東での原油支配権を確保するためにはあらゆる手段を講ずるという強硬な姿勢をとるカーターは一月末、補佐官のロイド・カトラーを特使として、キラニンＩＯＣ会長へのアプローチを開始。キラニンの了承のもとで、ＩＯＣ総会直前の二月二日に、アイルランドのダブリンにあるキラニン邸で会うことになった。

カトラーがカーターの特使としてキラニンに伝えたのは、次のようなメッセージである。

「アメリカ・オリンピック委員会は、アメリカ合衆国大統領の指示に従って、モスクワ・オリンピックの中止ないしは延期を決めるためのＩＯＣ総会の招集を要請する手はずになっている」（前掲『オリンピック激動の歳月』）

カーターの傲慢で高圧的な態度に、キラニンは強く反発した。

「問題なのはオリンピックの年とかち合う大統領選挙で、自分の政治生命の延長をはかろうとあがいている一人の男の判断が、オリンピックを自分のための選挙戦の中にひきずりこんでしまったことである。

私はきっぱりとその大統領のメッセージに答えた。オリンピック憲章の第三四条によって、モスクワ・オリンピックを別の年度まで延期することはいかなる事情であれ許されない。また、この時期にきて中止することは、ＩＯＣと組織委員会の間で交わされている協定に照らし合わせてみても、正当なる理由もないし、中止すれば契約違反になる。したがってたとえ大統領の要請であっても、これを受けるわけにはいかない」（前掲『オリンピック激動の歳月』）

ボイコット劇開幕となったIOC総会

二月二日の会談でキラニンが明確に認識したのは、カトラーをはじめ、カーターを支えるホワイトハウス高官のオリンピックに関する無知さ加減であった。

「彼（カトラー：筆者注）にはIOCのメンバーはその国の代表者としてIOCに出ているのではないということも、各国際競技連盟（IF：筆者注）の規則や、そうしたIFがお互いまったく独立して存在していることも、そしておそらく各国のNOC（国内オリンピック委員会：筆者注）の役割や立場についてもまったくわかっていなかったようだ。私は彼の話を聞きながら、オリンピックの問題に対してホワイトハウス当局がいかに無知であるか……を知って、むしろこのほうが心配になってきた」（前掲『オリンピック激動の歳月』）

キラニンの不安は的中し、カーターとホワイトハウスは無知ゆえの強硬策に打って出た。モスクワ大会のボイコットを世界に呼びかけようと動き出したのだ。その舞台として米国側が狙ったのは、二月一三日から始まる第一三回冬季レークプラシッド大会（米国）に合わせて開かれるIOC総会であった。

通常のIOC総会は、開催国の国家元首が開会宣言を行う。だが、オリンピック開催のときの総会では、国家元首ではなく代理が行うことになっている。米国側は開会宣言者として、サイラス・ヴァンス国務長官を送り込んだ。

開会式での演説に関しては、政治的なメッセージを何度も繰り返すことがないようにチェックする意味で、草稿のコピーを事前にＩＯＣ事務局に出すのが慣わしである。ところがヴァンス国務長官は、演説の内容を事前に知らせようとはしなかった。その態度から、彼が政治的な非難・攻撃の演説をするつもりだとキラニンは察した。

ＩＯＣのメンバーのなかには、米国の政治的デモンストレーションを憂慮して総会を延期すべきとの声もあったが、予定を変えることはできない。開会式で、ヴァンスは案の定、政治的な長い演説を繰り広げた末に、ボイコットの声明文で締めくくった。

「ここに我が国政府の立場を明確に表明したい。アメリカ政府は侵略を行なっている国の首都において開かれるオリンピック大会に、我が国の選手団が参加するのを認めない。これは確固たる方針であり、米国議会ならびにアメリカ国民の深い決意の表明である」（前掲『オリンピック激動の歳月』）

しかも、演説の草稿をまとめたホワイトハウス担当者は政治的内容に気を取られすぎて、肝心の開会を宣言する言葉を入れ忘れた。結局、「開会宣言なし」の前代未聞のＩＯＣ総会となったのである。

米ソ冷戦のもとでの攻防

これに対してキラニンは、出席した米国の二人を含む七三人のＩＯＣ委員全員の承認のもとで、「大会は予定どおりモスクワで開かれなければならない」とする声明文を発表した。あわせて、そのなかで「オリンピックへの参加の招待状を受けるか受けないかを通告する最終締切日は五月二四日である」と改めて注意を喚起する。

一方、この総会で唯一キラニンが「痛いところを突かれた」と感じたのは、ヴァンス国務長官によるソ連の政治利用に対する批判である。それは、一九七九年に出版されたソ連共産党発行の「党活動家のためのハンドブック」に掲載された次のような文章を引用するという、思いもよらぬものだった。

「社会主義国家の首都に対して、世界初のオリンピック大会を開催する栄誉が与えられたことは、とりも直さずソビエト連邦が進めている外交政策が歴史的に正しく、また大いなる評価を得ていること、さらにソビエト連邦が平和のために戦い、体育・スポーツを発展させるために、オリンピック運動の推進に偉大なる貢献を行ったことが、広く認められているという、なにものにも否定できない証拠と言えよう」

モスクワ大会の開催が決定された要因は充実した競技施設や大会組織運営の能力などであり、ハンドブックの文章のような社会主義国家に対する世界的評価という政治的理由ではなかった。この文章は明らかにソ連側の勇み足である。そこにヴァンスが付け入って批判したのだ。

キラニンはこの批判を「モスクワオリンピック開催に反対する人たちが利用した武器の中で、これほど大きなダメージを与えたものはなかった」と重大に受けとめたが、ソ連側はこう突っぱねた。

「ハンドブックは党の内部文書であり、問題視するほどのものではない」

一方、カーター大統領は攻勢を一気に強め、オリンピックを別の国で開催するか中止せよという要求を突きつけたうえに、ソ連に対して通告した。

「二月二〇日までにアフガニスタンから兵力を引き揚げない場合は、アメリカはモスクワ・オリンピックへの各国の参加を阻止するためにあらゆる手段を講じる」

だがソ連は、ペルシャ湾岸の石油資源に関する米国支配への抑止、東ドイツへの天然ガス供給パイプの敷設など、重大な目的をもってアフガニスタンに軍を駐留させており、カーター大統領の一方的な通告に応じるわけにはいかなかった。

米国でも西ドイツでも意見は分かれた

米国内のスポーツ界は、ボイコットの動きを全面的に支持したのだろうか。

米国内でのＮＯＣ(国内オリンピック委員会)委員、各競技団体の代表、選手などによる参加・不参加を決める会議では、感情論が前面に出る激しい議論が繰り広げられたという。そして、カーター大統領の強硬路線が圧倒的に支持されたわけではない。投票結果は、ボイコット賛成が一六〇四票と三分の二を占めたものの、ボイコット反対も七九七票あった。この結果について、キラニンは『オリンピック激動の歳月』で想いを明かしている。

「アメリカ国内の情勢からみて、ボイコット反対の票が七九七もあったことは驚きであり、私も内心勇気づけられた気持ちになった。たとえアメリカがモスクワ・オリンピックに姿を現わさなくても、忠実にオリンピックの理想を守っていこうとする人が存在していることが示されたのだ」

そうした米国の内情にかまうことなく、カーター大統領は西側同盟国へボイコットを呼びかけた。防戦に追い込まれたキラニンもボイコット阻止を目指して、ＩＯＣ委員や国際競技連盟への精力的な説得を重ねていく。その際キラニンは、各国の政府があらゆる圧力に左右されないで独自の行動ができるように、ＩＯＣが各国のオリンピック委員会をバックアップすると強調した。というのも、各国のオリンピック委員会は本来、政府から独立してオリンピック運動を行う組織であるにもかかわらず、政府の影響を受けやすい場合が少なくないからだ。

実際、多くの国のオリンピック委員会で参加・不参加をめぐる対立が起きた。そうしたなかでキラニンが最重視していたのは、西側諸国に大きな影響を及ぼす西ドイツオリンピック委員会の動きである。

エントリー締切日が迫る五月中旬、西ドイツオリンピック委員会が開かれた。前日にはカール・カルステンス大統領が会議出席者をレセプションに招待。当日の会議は非公開で議論を尽くすものと思われたが、予想に反して公開され、テレビ中継まで行われた。これらの動きを、キラニンは「巧妙なオリンピックつぶしの策謀」と捉えている。なぜなら、本来はオリンピックの理念について討論すべきであるのに、国民の反応を意識してナショナリズムをめぐる討議になってしまったからである。この背後に米国の意向が働いていたのは明らかだろう。

結局、ボイコット賛成五九票、ボイコット反対四九票で、不参加が決定された。

3 政府の圧力に屈したＪＯＣ

米国追従の日本政府による露骨な介入

このころ、日本の政局は激動していた。大平正芳政権は五月一六日の衆議院本会議における内閣不信任案の可決を受けて衆議院を解散し、六月二二日に衆参同日選挙が行われることになる。

そうした状況のもとで政府は米国追従の方針を貫き、日本選手のモスクワ大会参加を阻止するべく、日本体育協会（日体協）やＪＯＣにさまざまな圧力をかけていく。たとえば文部省や外務省は、日本が参加する場合は以下のような方針を採ると、柴田勝治ＪＯＣ委員長（ヘルシンキオリンピックのボクシング監督）に示した。
①政府のオリンピック派遣費補助金（六一〇〇万円）は打ち切る。関連する公営競技（競輪・競艇・オートレース）からの補助金（九六〇〇万円）も出さない。

②公務員の選手は派遣できない。
③外務省のアタッシュ（選手団の世話役）は活動を停止する。
④大企業に所属する選手も派遣できない。

エントリー締切日の五月二四日午前一〇時、日体協の理事会が、本部がある東京・渋谷の岸記念体育館で開かれた。この場に伊東正義・官房長官が抜き打ち的に出席し、「参加には絶対反対」との政府見解を表明した。政府の意向に沿って伊東を理事会に迎え入れ、政府見解を表明させる筋書きと実際の舞台づくりをしたのは、河野謙三・日体協会長（参議院議員、学生時代は箱根駅伝に出場）と見て間違いない。

理事会は次のようなエントリー反対の決議をした。

「JOCはこれまで、モスクワで開催される第二二回オリンピック競技大会は世界の若人が参集して、友好と平和のうちに開かれることを期待してこれに参加するを原則とし対処してこられたのであるが、これは日体協理事会といたしましても慎重かつ良識ある態度であるとして全面的に承認してまいったところでございます。しかしながら、現在の諸情勢を見れば、必ずしもナショナルエントリーの提出を行う状態にないと言わざるを得ない。よって、財団法人の日本体育協会理事会としては、JOC各委員及び競技関係者の心情は十分理解するものであるが、わが国アマチュアスポーツの普及振興の責任を担い、その将来をあずかるものとしてJOCがナショナルエントリーを提出することに反対することを決議する」

「諸情勢を見れば」という根拠だけでエントリーに反対するというきわめて杜撰なこの決議は、政治に追従するだけで、スポーツ活動について自律・自治の思想や理念を持たない日体協の劣化した資質を如実に明らかにしている。

政府見解を受けたこの決議は、エントリーの最終決定を行う午後のJOC臨時総会に非常に大きな影響を与えた。

ボイコット反対を訴えた識者たち

大平政権のボイコット方針に対しては、スポーツ界内部も外部のスポーツ愛好者も抵抗の動きを見せた。オリンピック強化コーチや選手らは四月二一日、参加を求める「要望書」を柴田勝治JOC委員長に提出した。

また、JOC総会五日前の五月一九日には、スポーツを愛好する六人の識者(異色の顔ぶれと言ってよいだろう)が連名でボイコット反対の声をあげた。オリンピズムについての的確な認識に基づく優れたこの現実的提言は、大きな反響を呼んだ。訴えに名を連ねたのは、淡谷のり子(音楽家)、大田堯《たかし》(都留文科大学学長)、古在由重《こざいよししげ》(哲学者)、中野好夫(評論家)、藤原審爾《しんじ》(作家)、丸岡秀子(評論家)の六氏である。貴重な訴えの要点を列挙しよう。

「①スポーツは疑いもなく人間文化の一つであって、自由かつ自発的な人間表現であり、これは基本的人権に属するものです。したがって、今度の参加問題にあたっても、その結論は、この場の主体としての民間の代表組織（国際ならびに各国オリンピック委員会）の自主的な決定にまかすべきです。そしてそれ以外の力に左右されてはならず、政府としてももちろんこの点を無条件に尊重すべきでした。

②もし外部の力の介入に押されてしまうならば、そのような事態は今後も国際スポーツ界全体に及ぶだけでなく、民間団体の文化活動一般もしだいに同じ運命をたどりかねないでしょう。オリンピック憲章にもとづくオリンピックの本質は、決して学術や芸術の諸分野での国際交流と違ったものではありません。

③スポーツと政治とはそれぞれ独自の分野であるが、同時に、オリンピック憲章は、国連の世界人権宣言と共通する精神にたって、世界人類の平和と友好という崇高な責務の実現をめざしています。『よきスポーツマンシップの気風がもつ倫理的、社会的、知的な価値は第一級の資産であり、モスクワ大会は暴力と紛争を捨てて、すべての国民の調和と幸福へうつる転機となりうる』。これはイギリスのノエル＝ベーカー卿（アントワープ大会銀メダリスト、ノーベル平和賞受賞者）の言葉です。

④確かに近年のオリンピック大会には、国家色が見受けられ、とくにわが国では諸外国に比べてそれがいちじるしいようにみえます。しかし国際オリンピック委員会は今度の大会を転機としてこの傾向をいましめ、オリンピック本来の精神に立ち戻って、諸々の改革をめざしています。これは、オリンピックが、友好平和の光栄ある火をいっそう高くかかげて走りつぐべき

絶好のチャンスです」

本来の役割を全うできなかったＪＯＣ

国内オリンピック委員会は、自国においてオリンピック運動を発展させ、推進し、保護することを使命とする。オリンピック運動の根本原則を定めたオリンピック憲章27—6に、その役割が規定されている。

「国内オリンピック委員会は自律性を確保しなければならない。また、オリンピック憲章の順守を妨げる恐れのある政治的、法的、宗教的、経済的な圧力、その他のいかなる種類の圧力にも対抗しなければならない」

果たして、この役割を全うできるかどうか、ＪＯＣは正念場を迎えた。日本の参加・不参加を決めるＪＯＣの臨時総会が開催されたのは、五月二四日の午後二時三〇分。場所は岸記念体育会館地下三階の講堂である。

討議は最初から荒れ模様となった。冒頭で、午前中に開かれた日体協理事会の「ＪＯＣがナショナルエントリーを提出することに反対する」との決議が示されたからである。即座に、日本水泳連盟会長の藤田明委員が反発の声を上げた。

「私は率直に言って、ＪＯＣの自治権を脅かすような体協理事会の決議がなされたということを意外に感じざるを得ないのであります。体協は、ＪＯＣの上部機構として、今回のオリンピック参加問題についてJOCと二人三脚でいくんだというふうに考えておりましたが、最後の土壇場でJOCを押さえ込みにかかったというような感じをうけますことは、たいへん失望いたします。同時に、背後の圧力が非常に大きいということを感じざるを得ないのでございます」

また、学識経験委員である大西鐵之祐《てつのすけ》委員（元ラグビー日本代表監督）は、こう発言した。

「今日の問題は、これは体協ならびにJOCの日本の将来のスポーツに関する政策の根本問題について政府が干渉してきた、という問題であります。われわれは少なくとも戦時中のいろんな問題を抱え、そして戦後の問題を抱えてやってきましたが、少なくともここでは、やはり自由主義と民主主義を土台とするスポーツ観をもって、われわれは共通の精神を持ってやっておる。そのなかで、それを干渉するという政府の態度があらわに……」

参加と不参加に意見が二分されて、総会は混乱するばかりだった。だが、エントリーの締め切りが直後に迫っていることもあり、結論を出さなければならない。「委員長見解を採決することになった。

柴田委員長の表明した見解。

「諸般の情勢でモスクワオリンピックに不参加やむなしと考えます」

採決結果は賛成二九、反対一三、棄権二。こうしてモスクワ大会のボイコットが決まった。

4 ローマ大会より少なかった参加国

西ドイツや日本に中国も追従し、不参加国はかなりの数にのぼった。その結果、一九八〇年七月一九日に開幕したモスクワ大会への参加国は八一カ国、参加選手数は五九二三人にとどまる。この参加国数は六〇年ローマ大会の八四カ国を下回り、選手数もほぼ同じ規模であった。

八月三日の閉会式の閉会宣言で、胸中に駆けめぐった思いをキラニンＩＯＣ会長は吐露している。

「閉会宣言の言葉を述べながら、私は心の中では本当に選手一人一人の手をとって話しかけたい気持だった。本来ならばこのモスクワ・オリンピック大会も最高のレベルの競技とともに、友情と国際理解をもたらす場になるはずであった。ところが、いま残されたのは苦痛と涙、そして苦悩と言い知れぬ悔恨の情であった。政治家の手によってオリンピックはズタズタに引き裂かれた――このことが壇上の私の胸の底に暗い影を落としていたのだ」（前掲『オリンピック激動の歳月』）

聖火が消され、選手が退場。その後、突然バックスタンドに人文字でミーシャ（熊をモチーフにした大会のマスコット）が描かれた。そして、ミーシャが左目からポロリと涙を流しながら、手を振って別れを告げるシーンに変わる。これを見たキラニンは……。

「そのミーシャの涙はまさにオリンピックの閉幕を悲しむ涙だった。そして私もミーシャ同様、まさに泣きたいような気持ちだった。それはオリンピック運動と関係した三十年間、そしてIOC会長の八年間の任期が終わりを告げようとしていたからではなかった。政治家たちが、政治、外交そして経済の分野で有効なる手立てがなに一つなかったがゆえに、スポーツとスポーツマンが代わりに利用されたことが情けなかったのだ」（前掲『オリンピック激動の歳月』）

キラニンは、八一カ国が参加したのだからカーターが狙ったボイコットは成功しなかったと主張する。とはいえ、オリンピック運動が「政治家たちの敵意によって手痛い打撃を受けた」ことは認めざるを得なかった。

このボイコットに衝撃を受けたスポーツ界をはじめさまざまな分野で、「モスクワでオリンピックの精神は大きな打撃を受けた」との見方が広がっていく。その見方にいっそう真実味を帯びさせたのは、ソ連をはじめ東側諸国がモスクワ大会のボイコットに報復する形で打ち出した、一九八四年の第二三回ロサンゼルス大会（米国）のボイコットである。

しかも、このとき唯一の立候補地であったロサンゼルスを選ばざるを得なかったものの、決定の経緯には「IOCが将来になって後悔しかねないような契約を結んでしまった」とキラニン自ら悔む、深刻な事情が含まれていたのだ。

第4章 マネーファーストに堕したオリンピック

1 徹底した商品化戦略

大会組織委員会が利潤追求

一九八四年の第二三回ロサンゼルス大会（米国）について、国際オリンピック委員会（ＩＯＣ）のキラニン会長が言った「将来になって後悔しかねないような契約」とは、どのようなものだったのだろうか。

実は、巨額の経費を敬遠する都市が増え、一九八四年の大会開催地に立候補したのはロサンゼルスだけであった。ＩＯＣは、「もしロサンゼルスが降りたら、オリンピックは存亡の危機に陥る」という切羽詰まった立場に追い込まれたのだ。一方のロサンゼルスはそこに付け込んで、すべてマイペースでやれると強気になり、とんでもない内容の立候補申請書をＩＯＣに突き付けた。

第一に、ＩＯＣの規則、伝統、儀典などはほとんど考慮せず、自己流で行う。

第二に、ロサンゼルス市当局は法令でオリンピックへの公金支出を禁止したので、実業家の集まりである組織委員会が、大会が黒字になるように運営する。

第三に、大会から得られた利益は米国国内のスポーツ振興に使う。

この申請書を見たキラニンは、「ロサンゼルスは利潤を追求する企業によってオリンピックを運営することを狙っている」と見抜いた。

ＩＯＣは当然この申請書を認めず、話し合いで解決しようとしたが、決着はつかない。ＩＯＣ幹部からは「新しい開催地を検討すべきだ」との声まであがった。そこでキラニンは打開策として、ロサンゼルス市のトーマス・ブラッドリー市長に提案する。

「財政的な関わりは持たないにしても、ロサンゼルス市も米国政府もオリンピック開催を支持していることを世界に示すべきだ」

これを受けてブラッドリー市長が米国政府へ働きかけるなど積極的に動き、ようやく一九七九年三月にＩＯＣと米国オリンピック委員会の間で契約が締結された。その際、ＩＯＣは当初の立候補申請書を却下し、「ロサンゼルス市がオリンピック規則に従う」ことを条件に契約を結んだ。ただし、「組織委員会が、大会が黒字になるように運営する」ことは認めてしまった。

これが、キラニンが「後悔しかねない」と言う要因となる。

ともあれ、契約の締結によって「実業家の集まりである組織委員会」が動き出した。トップ（組織委員長）に就任したのは、北米第二の旅行会社経営の手腕を買われたピーター・ユベロスである。ロサンゼルス市も米国政府も公金を支出しないなかでユベロスは、カネ、ヒト、モノ、サービスに至るすべてを民間から得るべく、徹底したビジネス戦略を展開した。とりわけ、利潤確保のためのビジネスとして編み出したのが、テレビ局や企業へ売り込んだ独自のオリンピック商品化である。

最大の柱はテレビの独占放映権

ロサンゼルス・オリンピック組織委員会（「組織委員会」）を企業化したユベロスは一九八三年一二月、次のような大会運営予算を発表した。

①収入——五億一三二〇万ドル（テレビ放映権料、スポンサー・ライセンス（商品化戦略）、入場料）。

②支出——四億九七七〇万ドル。

③黒字——一五五〇万ドル。

この黒字を実現するために、ユベロスは徹底的に経費を節減し、利潤追求第一主義を貫く。その結果、たとえば、「国際兄弟愛の賛歌」をテーマに東西の歴史上の戦時と平時にわたるさまざまな人物や文化的背景を描く国際的オペラ「ザ・シビル・ウオーズ」（日本からは観世栄夫《かんぜひでお》や文野朋子《ふみのともこ》らが参加を予定していた）が中止された。以下、ユベロスが収入確保のために編み出したビジネスを振り返ってみよう。

まず、米国内のオリンピックに関するテレビ放送の市場価値を専門会社に調査させ、三億ドルという数字を得る。そして、ＡＢＣ（American Broadcasting Company）、ＣＢＳ（CBS Broadcasting, Inc.）、ＮＢＣ（National Broadcasting Company）など大手テレビ局に放映権を三億ドルで契約するように呼びかけた。ちなみに、ＮＢＣが契約したモスクワ大会は八五〇〇万ドルだ。

しかし、いくら地元開催のオリンピックとはいえ、各局ともそこまでの巨費を投じる考えはなく、交渉は難航。結局、ＡＢＣが二億二五〇〇万ドル（プラス国際映像制作のスタジオ建設費七五〇〇万ドル）で契約した。放映権料の市場価値として億ドル単位の巨額が示されたことは、世界のメディアに衝撃を与える。

組織委員会とジャパンプール（ＮＨＫと民放との連合体、現在のジャパンコンソーシアム）との交渉も難航に難航を重ねた。組織委員会側の要求額四三〇〇万ドルに対して、ジャパンプールがはじき出していた額は一四〇〇万ドルと、三倍以上の隔たりがあったからだ。激しい議論の応酬を経て、ジャパンプールが放映権料一六五〇万ドルと技術提供などのサービス料二〇〇万ドル、合計一八五〇万ドル（四六億四〇〇〇万円）を支払うことで、なんとか合意した。

さらに、ＥＢＵ（ヨーロッパ放送連合）とは一九八〇万ドルで契約し、テレビ放映権収入の総額は二億八〇〇〇万ドルにまで達する。これを契機として、巨額な放映権料を支払うテレビ局が、オリンピックに対する影響力を強めていく。

オリンピックに食いついたスポンサー企業

ユベロスがテレビ放映権料と並ぶ収入の柱にしたのは、スポンサー・ライセンス（商品化戦略）である。

一九六〇年以降、オリンピックに商品とサービスを提供する企業が急速に増加した。だが、そうした協賛企業から得られる資金は、大会運営費には遠く及ばない。そこでユベロスは、従来の考え方を覆す大胆な発想の「一業種一社、合計三〇社に限定、一社四〇〇万ドル以上」というオフィシャル（公式）・スポンサーの厳選方式を編み出す。数を減らして価値を高め、契約金額を吊り上げようとする戦略だ。

これに食いついたのが名だたる米国の大企業である。マクドナルド、コカ・コーラ、バドワイザー、セブン・イレブン、AT&T（情報通信・メディア）、IBM（コンピュータ）、ゼネラルモーターズ（自動車）……。皮肉をこめて「ハンバーガー・オリンピック」とも呼ばれた。スポンサー・ライセンスによる収入は、一億三〇〇〇万ドルにのぼった。

これに関連して衝撃的な出来事として反響を呼んだのは、写真フィルムのカテゴリーにおいて、日本の富士フイルムが推定七〇〇万ドルで契約したことである。というのも、それまでオリンピックに関してシェアを独占してきた実績と、大会開催地が米国という理由で、米国のコダック社以外はあり得ないと思われていたからだ。この契約によって、富士フイルムは北米でのシェアを三％伸ばしたと言われる。

富士フイルムの契約に際して大きな力を発揮したのが、広告代理店の電通だ。ユベロスによるオリンピック・ビジネスに飛びついた電通は、組織委員会と日本企業のエージェント権（代理店となる権利）を独占契約した。契約金額は推定八億円強である。電通は日本企業（海外法人を含む）一三社のオフィシャル・スポンサーおよびサプライヤー（物品提供）契約を実現し、エージェントとしての実力を世界に示した。その契約金総額は、大会運営費の一五％にも相当したと言われる。

第三の収入の柱は入場料である。チケットは、観戦料金を添えて半年以上前に申し込む（申し込みが多い競技は抽選）。届いた現金は即座に金利の高い銀行に預け、利子を稼ぐ。入場料収入は一億五〇〇〇万ドルに達し、目標の九〇〇〇万ドルを大幅に上回った。

こうしたオリンピック・ビジネスにより、組織委員会は一六日間の大会期間で一億五〇〇〇万ドルの黒字を生み出す。目標のなんと九・七倍である。さらに、資産運用を含めると、一九八四年末に黒字額が二億ドルを超えた。「商業五輪」と言われたゆえんだ。

2 ビジネスとしてのオリンピック

オリンピックマークの独占を画策したダスラーとサマランチ

組織委員会は、古代オリンピック発祥の地であるギリシャのオリンピアで仰々しく採火された聖火のリレーまで一区間(一キロ)三〇〇〇ドルで売るほど、ビジネスに徹底していた。そして、米国のビジネス雑誌『フォーチュン』の一九八四年最優秀ビジネスのトップに選ばれる。

一方で、そのビジネスによってオリンピズムの理念や理想が空洞化され、オリンピックが堕落するというキラニンの危惧は、現実となる。ロサンゼルス・オリンピックは、オリンピズムとは無縁のビッグ・スポーツショーへの変質にほかならない。

だが、キラニンが辞任したモスクワ・オリンピック後に第七代IOC会長となったファン・アントニオ・サマランチ(スペイン人、フランコ政権下のスポーツ庁長官、在任期間一九八〇〜二〇〇一年)は、この重大な変質への危惧をまともに受けとめようとしなかった。しかも、ユベロスの編み出したビジネスを絶賛し、「商業主義大歓迎」と公言してはばからなかったのだ。

サマランチは、徹底した拝金主義者として知られていた。会長の座は、スポーツ用品企業アディダス(本社ドイツ)のオーナーであるホルスト・ダスラーの資金援助を受けてカネで獲得したと言われていたほどである。にもかかわらず、ほとんどのＩＯＣ委員はサマランチのそうした言動を問題視することなく、黙認した。

それをいいことにサマランチは、会長として初めて開催地を決定した第二四回ソウル大会（韓国）に向けて、オリンピック・ビジネスの全権をＩＯＣが独占することを画策していく。そして、その具体化を図るために、ＩＳＬ社（インターナショナル・スポーツ・アンド・レジャー社。資本金一〇〇万スイスフラン＝一億一五〇〇万円）というスポーツマーケティング企業と契約した。一九八二年にダスラーと電通が共同で設立した会社である。

一九八五年六月初旬、東ベルリン（東ドイツ：当時）で行われたＩＯＣ総会で、理事会は十分な説明をすることもなく唐突に、「ＩＯＣは、オリンピックマークを商品化して資金を調達するためにＩＳＬ社と契約を結んだ」と発表。委員たちの反発を買ったが、この契約は承認される。イギリスの週刊新聞『オブザーバー』は、その真意を的確に報道した。

「ＩＯＣは、秘密のプライベート会社であるＩＳＬ社と契約を結んだ。ＩＳＬ社はスイスに本拠地を置き、世界的なスポーツ用品会社であるアディダスのボス、ホルスト・ダスラーを代表とし、世界最大の広告会社、電通をバックとした会社である。契約は一九八八年の二つのオリンピック（冬季カルガリー大会、夏季ソウル大会）のマークの市場開発と、世界の五大陸の統合を意味するオリンピックのマークに新しい解釈を与えようとするものだ」（一九八五年六月九日）

「新しい解釈」とは、国際商品化を意味している。また、世界のスポーツ界に隠然たる影響力を持ち「スポーツマフィアの首領」とも言われたダスラーと電通との特異な結びつきから、ISL社は「秘密のプライベート会社」と捉えられた。

オリンピックの国際商品化

ダスラーの野望は、スポーツマーケティング業界における世界制覇である。その重要な布石として、多くの国際競技連盟を牛耳る国際サッカー連盟(FIFA)のジョアン・アヴェランジェ会長(ブラジル)や、国際陸上競技連盟(IAAF)のプリモ・ネビオロ会長(イタリア)らを取り込んでいた。

電通を引き込んでダスラーが創設したISL社は両会長らの後ろ盾により、サッカーのワールドカップや欧州選手権などのメジャーイベントをパッケージにした「インターサッカー4」や、陸上競技の世界陸上選手権、グランプリ・ファイナル、クロスカントリー世界選手権、世界ジュニア選手権、ワールドカップマラソンなどをパッケージにした「システム9」のエージェント権を次々と獲得していく。さらにダスラーは、オリンピックに関わるマーケティングを一手に握ろうとして、裏工作によってサマランチを会長に就任させ、IOCとISL社の契約を実現させたのだ。

会長のポストに就くやサマランチは、ダスラーの期待に応えるべく新たな資金確保に乗り出した。オリンピック開催時のIOCの収入は、放映権料の三分の一だった(三分の二は大会組織委員会）。しかも、その収入の三分の一を国際競技連盟に、三分の一を各国オリンピック委員会に分配する。したがって、IOCの取り分は全体の九分の一にすぎない。

そこでIOC独自の収入を確保するために、サマランチはISL社と組んでオリンピックを商品化する新たなビジネスを始めようとした。IOCが定めたオリンピックのシンボルマークや標語、オリンピック大会のエンブレム（シンボルマーク）、マスコット、ロゴなどを商業利用する権利を売るのである。IOCは、そのビジネスを独占する権利をISLに与える契約をしたのだ。

ソウル大会に向けてISL社は、有名企業から資金提供を受ける新設の国際スポンサープログラムとして、TOP（The Olympic Program）に取り組んだ。その結果、コカ・コーラ、コダック（印刷関連）、3M（化学・電気素材）、VISA（クレジットカード）、フェデラルエクスプレス（物流サービス）、TIME（雑誌）、フィリップス（ヘルスケア製品・医療関連機器）、日本企業では松下電器産業（現パナソニック）、ブラザー工業（ミシンなど）が契約した。最高額は、コカ・コーラの三〇〇〇万ドル弱（ロサンゼルス大会での契約金は推定一二六〇万ドル）と言われている。

その収入の配分は、大会組織委員会五〇％、米国オリンピック委員会一〇％（米国に拠点を置く多国籍企業の契約数が多いため）、その他の各国オリンピック委員会三〇％、IOC一〇％である。こうした資金のばらまきによって、サマランチはIOCの支配力を強める金権体制をつくり上げていった。

ダスラーの死とサマランチの独断専行

ＩＳＬ社に共同出資した電通も社内にＩＳＬ室を新設し、意欲的に取り組んだ。初代室長に就任した服部庸一氏に当時インタビューし、真意を聞いた。

「このニュー・スポンサーシップは、一九八八年のカルガリー（冬季）、ソウル（夏季）の大会のスポンサーとＩＯＣのスポンサーを統合させ一つのパッケージにする。つまり、権利を一カ所に集めて統一したスポンサーをつける。その際、一商品一社をベースとする」（拙著『冠スポーツの内幕――スポーツイベントを狙え』日本経済新聞社、一九八八年）

米国や日本の大企業がＴＯＰに名乗りを上げ、オリンピック・ビジネスは順調な滑り出しであった。ところが、一年足らずして突如、関係者に衝撃が走る。一九八六年四月一〇日、ダスラーが病気で急死したのだ。

「スポーツビジネス界の闇の帝王」「スポーツマフィアの首領」と言われる存在であっただけに、ダスラーの死はスポーツビジネス界をはじめとして広範な分野に影響を及ぼした。サマランチは受けた衝撃を弔意にこめて述べた。

「私は悲しい。ホルスト・ダスラー氏はスポーツの発展のために、とくに発展途上国において大いに貢献してくれた。彼はオリンピック運動にとって偉大なる友であった」

大黒柱を失ったアディダスは一気に経営が揺らぎ、一九九〇年にフランス人実業家に経営権を握られた。こうしてダスラー家との関係はなくなったが、企業としては復活している。

ＩＳＬ社も存亡の危機に陥った。ダスラー家が株を持ち続けたものの、同社への期待が薄れたことから、電通は持ち株比率を当初の四九％から一〇％にまで減らした。サマランチは情け容赦なくＩＳＬ社との契約を打ち切り、新たな子会社設立に動く。

そして一九九六年六月、ＩＯＣが五〇％、二人の個人資本家が五〇％出資したメリディアン社（拠点はスイスのローザンヌと米国のアトランタ）が設立された。サマランチの狙いは、オリンピック・マーケティングのすべてをＩＯＣが直接手掛け、より多くの収入を確保することである。彼の独断専行によって、ＩＯＣも本格的にマネーファーストの路線を走り出す。

一九九四年の第一七回冬季リレハンメル大会（ノルウェー）と九六年の第二六回アトランタ大会（米国）を対象としたＴＯＰプログラムは一社四〇〇〇万ドルに跳ね上がり、ＩＯＣは莫大な収入を得た。

ＮＢＣの巨額契約の見返りとしての選手への影響

サマランチがもう一つの収入の柱に据えたのは、ロサンゼルス大会と同じくテレビ放映権ビジネスだった。ＩＯＣは米国に拠点を置くＩＭＧ（インターナショナル・マネジメント・グループ）社とコンサルタント契約を結んだ。

ＩＭＧ社は、プロゴルファーのアーノルド・パーマーをはじめ、プロテニスプレーヤーや大リーガーなどのマネジメントを手掛け、世界最大の「マンビジネス」企業として知られる。松岡修造、錦織圭、浅田真央、大坂なおみなど日本人の契約選手も多い。また、放送制作を手掛けるＴＷＩ（トランス・ワールド・インターナショナル）社を買収し、スポーツイベントやスポーツニュースのコンテンツを各国に売り込んでいた。ダスラーの死後ＩＳＬ社が勢いを失っていくのと対照的に、ＩＭＧ社は勢いを増していく。

ＩＭＧ社のコンサルタントとしての実績を広く知らしめたのは、一九九五年暮れに成立したＮＢＣとの契約である。それまで放映権契約は夏季・冬季一大会ごとに行っていたが、このときから開催地未定の大会を含む長期契約に転換したうえに、物価上昇率年三％を見込んだ金額へ増額された。

その契約内容は、二〇〇四年の第二八回アテネ大会（ギリシャ）七億九三〇〇万ドル、〇六年の第二〇回冬季トリノ大会（イタリア）六億一三〇〇万ドル、〇八年の第二九回北京大会（中国）八億九四〇〇万ドル、合計二三億ドル。異例とも言えるこの契約料について、ＩＯＣは次のようなコメントを発表した。

「来世紀初頭のオリンピック活動にとって経済的安定を支える画期的なことだ。今後の立候補地に安心感を与える」

ＮＢＣは、テレビの多チャンネル化による視聴率拡散の影響を避け、長期にわたって収入を確保するために、放映権の長期一括契約に踏み切ったわけである。

それにしても、各大会とも各国のテレビ局が契約した総額の七割以上もの巨額を投じたNBCの力の入れ方は注目された。ただし、巨額な放映権契約が何の見返りもなく取り交わされるはずはない。NBCはIOCに対して、競技スケジュールへの要望を突きつけた。米国で人気の高い陸上や水泳などの決勝を午後七時～一〇時のゴールデンタイム（東海岸のサマータイム）に合わせてほしいというのだ。

米国東海岸との時差が競技スケジュールに反映されれば、決勝が午前中に行われるなど、選手は好ましくない競技環境を強いられる。だが、IOCは選手ファーストではなくマネーファーストで、NBCの要望を最優先させた。

3 アトランタ市に乗っ取られた大会

コカ・コーラ・オリンピック

オリンピック・ビジネスがスタートして一〇年足らずのアトランタ大会（一九九六年）で、IOCはそのビジネスを乗っ取られてしまう重大な事態に巻き込まれた。

一九九六年は、第一回アテネ大会からちょうど一〇〇年にあたる。多くの関係者は「アテネでの記念大会になるだろう」と見ていた。ところが、TOPプログラムの大スポンサーであるコカ・コーラの本拠地で、資金力豊富なアトランタが、強力な対抗馬にのし上がってくる。

開催地を決める選挙は一九九〇年九月一八日、東京でのIOC総会で行われた。応援団の数は、アテネ二三九人、アトランタ三七一人、そのほか立候補したトロント(カナダ)、メルボルン(オーストラリア)、マンチェスター(イギリス)、ベオグラード(ユーゴスラビア:当時)から約三〇〇人。異様な雰囲気のなかで、IOC委員たちが投票していく。投票は、最下位の都市が脱落する形式で、合計五回行われた。

大半の予想はアテネ優位。事実、初めの二回はアテネが二三票でトップだった。だが、三回目でアトランタとアテネが同数となり、最終投票結果はアトランタ五一票、アテネ三五票。予想をくつがえして、アトランタが選ばれる。マスコミは、こう報じた。

「IOC委員たちは、オリンピック一〇〇年目のロマンよりコカ・コーラのカネをとった」

そして、ロサンゼルス大会の「ハンバーガー・オリンピック」と同様に、アトランタ大会は「コカ・コーラ・オリンピック」と皮肉られた。以下は、選挙結果に対する電通幹部の指摘である。

「IOCがアトランタを選んだのは当然でしょうね。オリンピックで儲けようと思ったらアメリカでやるしかない。やはり、アメリカの市場の巨大さは企業にとって魅力的ですし、徹底したビジネスの世界ですからカネも動きますからね」(前掲『日の丸とオリンピック』)

取材で現地を訪れた私は、異様な体験をした。スポンサーの権利を守るために、競技場内で販売される清涼飲料はコカ・コーラの商品だけで、他社の飲み物の持ち込みは制限。しかも、市街地のいたるところにコカ・コーラのパラソルが置かれ、World of Coca-Cola（コカ・コーラ博物館）やコカ・コーラ公園などなど、いやでもコカ・コーラ漬けになるしかないのだ。

さらに、オリンピックでひと儲けしようという思惑が渦巻き、街路という街路にオリンピック・グッズを売る露店が立ち並んでいた。アトランタ市が一店ごとに権利金を取り、できるだけ多くの店を許可して大儲けを企んだらしい、という情報を耳にした。こうした事態が現出したのは、IOCがコントロールを放棄したからにほかならない。一方で、競技場施設の建設のために、多くの貧しい黒人たちが立ち退かされている。

なお、オリンピック記念公園の屋外コンサート会場で起きた爆弾事件（二名死亡、一一一名負傷）の影響で、売り上げは予想を大幅に下回ったと言われる。

いずれにせよ、アトランタは、市当局や組織委員会が先頭に立って大儲けを狙うフリーマーケットの街に変貌した。一〇〇周年を迎えて、マネーファーストが極限まで徹底されたオリンピックは、まさしく断末魔の様相であった。

サマランチも認めた過剰商業主義

「究極の市場主義経済」と言ってもいいほどオリンピック・ビジネスであふれ返ったアトランタ。IOCのマーケティング・ルールは市場主義経済の荒波で打ち砕かれ、その権威も踏みにじられた。だが、ＩＯＣは完全にお手上げの状態である。その異常事態をＩＯＣ委員たちはどう受けとめたのか。現地でＩＯＣ関係者は、こう話した。

「数少ない良識派のＩＯＣ委員のなかから、二〇〇二年の第一九回冬季ソルトレークシティー大会(すでに開催決定)以後は、二度とアメリカでオリンピックを開催すべきではない、という声が上がった」

サマランチ会長も、アトランタ側のやりたい放題にはさすがに気を悪くし、閉会式のあいさつの常套句である「史上最高の大会」という言葉を使わなかった。大会後には「アトランタのやり方は過剰商業主義であった」と認める。さらに、「民営方式を再検討し、政府や自治体の協力を検討したい」と発言した。

テレビやスポンサーを仲間と捉えるＩＯＣ

一年後の一九九七年八月、私は翌年の第一八回冬季長野大会に関連して来日した、ＩＯＣマーケティング担当のマイケル・ペインにインタビューする機会を得た。ペインは元ＩＳＬ社員で、サマランチに実力を買われてＩＯＣに引き抜かれた人物だ。サマランチに「過剰商業主義」と言わせたアトランタ大会について、マーケティング担当としての意見を求めると、彼は自省をこめて答えた。

「たしかにアトランタでは商業主義をコントロールできなかった。商業主義の大混乱でアトランタ市は、スポンサー集団にたいしてフリーマーケットにしてしまい、町の売店を無制限に許可し、一ドルでも多く儲けようと考えた。手を組むべきアトランタ市とＡＣＯＧ（大会組織委員会：筆者注）が対抗して活動してしまった。ＩＯＣの管理ができないところで商業主義の行き過ぎがおきたことは、今後の教訓にしなければならない。しかし、商業主義の問題はあったけれども、スポンサーがいなければオリンピックは存在できない。テレビはもっとも重要なパートナーで、テレビを通じてオリンピック・ムーブメントを共有できる。観客だけでなく広い対象、とくに子どもたちがオリンピックをみることで夢をつくっていく。ただ、テレビでのコマーシャリズムで気をつけなければならないのは、オリンピックはだれが管理しているかを明確にすること。ＩＯＣが管理するわけだがいつのまにかテレビやスポンサーが管理するようなことになってしまう危険性がある。実際に他のスポーツ組織でそうなってしまった現実がある。……テレビやスポンサーはあくまでも第三者であってＩＯＣは戦うべきときには戦う。テレビ局に合わせて競技スケジュールを変えるのは、視聴者がもっとも多く見られるための前向きな変更だ。選手にとってもそれが一番いい時間なのだ」（前掲『日の丸とオリンピック』）

コントロールできなかったと認め、反省しながらも、結局ＩＯＣにとって都合のいい言い方でしかない。とくに、テレビやスポンサーを第三者として捉えながら、一方で「もっとも重要なパートナー」と位置づけている。それは、ＩＯＣにとってテレビやスポンサーが利益を共有する仲間の関係にあることを意味する。そのもとで、ＩＯＣがマーケティングを管理しきれるのか大いに疑問だ。

より根本的に言えば、この時点ではＩＯＣは任意団体にすぎず、外部に対する公的な権限を持っていたわけではない。オリンピック憲章によると、ＩＯＣが法的な地位を得たのは二〇〇〇年である。

「ＩＯＣは国際的な非政府の非営利団体である。法人格を持つ協会の形態を整えた、存続期間を限定されない組織であり、二〇〇〇年一一月一日発効の協定に基づき、スイス連邦評議会により承認されている」（第2章15法的地位）

いわゆるＮＧＯというわけだが、「ＩＯＣ委員を選ぶのはＩＯＣ」という独特な組織で、外部からの関与を拒否する、閉鎖性の強い組織である。それだけに、内部のチェック機能が十分に働かなければ、組織は容易に腐敗・堕落する。そのことを第5章で詳しく述べよう。

●第5章● 断末魔のIOC

1 オリンピズムの形骸化

IOC委員の腐敗・堕落

オリンピック大会を主催するというだけで、国際オリンピック委員会(IOC)は権威ある組織のように思われている。しかし、IOCの歴史を振り返ると、低劣な資質の委員たちによって、その権威はかなり貶められてきた。委員たちを堕落させる重大な契機となったのは言うまでもなく、オリンピックが「市場」に丸投げされ、利潤追求の材料にされた一九八四年のロサンゼルス大会である。

サマランチIOC会長は一九九八年の第一八回冬季長野大会の招致合戦が終盤を迎えた九一年ごろ、公然と立候補都市のひとつである長野市を有利に導く動きに出る。

当時、スポーツ界の首領として絶大な影響力を持っていた堤義明《つつみよしあき》（西武鉄道グループ総帥で、一九八九〜九〇年に日本オリンピック委員会（ＪＯＣ）会長）に、サマランチはスイス・ローザンヌに新築中のオリンピック博物館建設費の不足分二〇〇〇万ドルを提供するよう要望した。そこで堤は、長野への集票の約束を担保にしたのだろう。一社につき一〇〇万ドルを二〇社から提供させ、要望通りの二〇〇〇万ドルをサマランチに渡した。

一九九八年の冬季大会開催地を決める投票は、九一年六月一五日にバーミンガム（英国）で開かれるＩＯＣ総会で行われる。その二カ月足らず前の出来事である。ローザンヌのオリンピック博物館には、唯一個人名の堤義明をはじめ、トヨタ自動車、富士ゼロックス、ブラザー、電通、日本航空など二〇社の社名が刻まれている。

私が取材でバーミンガムへ出発する一週間ぐらい前、ＪＯＣのある幹部が「もう、長野に決まりましたよ」と断言したのは、衝撃的だった。サマランチと堤との闇取引を知ったらしい。

こうしたサマランチの金権体質が、他の委員に影響しないわけがない。

二〇〇二年の第一九回冬季ソルトレークシティー大会の招致をめぐる大掛かりな贈収賄事件では、一〇人のＩＯＣ委員が解任されたり、辞任した。ソルトレークシティー側の買収はさまざまな手段で行われ、本人だけでなく子弟もターゲットにしたという。米国の大学へ留学を希望する子弟の渡航費はもちろん、卒業までの学費をはじめ生活費にいたるまで一切の面倒を見るというのだ。この手口にのったＩＯＣ委員が複数いたことは間違いないと言われている。

これほどの事件があったにもかかわらず、サマランチは会長に居座ったままで、「ＩＯＣに倫理委員会を設けて厳しく管理する」という改革策を打ち出して、自らへの批判をかわした。たとえば、二〇一二年版倫理規定「オリンピック競技大会開催全希望都市に適用される行動規範」の第九条に「贈与」という項目がある。

「オリンピック関係者又はオリンピック競技のＩＦ（国際競技連盟：筆者注）に対して、いかなる贈与を行なってはならず、オリンピック関係者又はオリンピック競技のＩＦはいかなる贈与を受け取ってはならない。また、有益供与やいかなる種類の有益供与の約束も行うことはできない。／都市及び都市の属する国のＮＯＣ（国内オリンピック委員会：筆者注）並びに、立候補都市の代表又は立候補支援者は全てこの禁止事項を尊重しなければならない。／同じ原則が、都市と第三者、特にＩＯＣ承認のメディアと団体との関係に適用される」

この規定に則って、二〇〇八年の第二九回北京大会の招致から採用されたのが「評価委員会方式」である。それまでは、オリンピック開催地に立候補した都市への訪問がすべてのＩＯＣ委員に認められていた。票獲得のために立候補都市側は、当然のようにＩＯＣ委員に金品供与をはじめ、あの手この手の買収工作を繰り広げた。

そこで、ＩＯＣ委員の立候補都市への自由な訪問を禁止し、ＩＯＣ会長が任命する評価委員会のメンバー十数名（複数のＩＯＣ委員、国際競技連盟、各国オリンピック委員会、アスリート委員会、国際パラリンピック委員会の代表者）だけに訪問を認めるという新方式を編み出した。彼らが立候補申請書を精査し、会場視察や関係者からのヒアリングを行い、報告書を提出する。その報告書をもとに、ＩＯＣ総会で開催都市を選ぶ。

この方法が徹底されれば、買収疑惑が生み出されにくくなるであろう。しかし、ＩＯＣ委員に浸透した拝金主義は容易に除去できるものではない。評価委員会以外のメンバーが、立候補都市からの恩恵を受けられないことに不満を募らせたのも当然であった。

以後も、広く浸透した拝金主義による体質は変わらず、大会招致に関する買収疑惑は後を絶たない。二〇二〇年の第三二回東京大会の招致についても周知のとおり、前ＩＯＣ委員の竹田恒和ＪＯＣ前会長に関わる買収疑惑がフランスの司法当局によって捜査中である。これについては第8章で詳しく述べる。

障がい者差別をしたIOC副会長

金銭疑惑以上に、人間の尊厳に関わる障がい者差別意識・性差別意識を持つ委員の存在も明らかになった。その人物はジョン・コーツ委員（ＩＯＣ副会長、オーストラリア、弁護士）。東京大会に深く関わり、大会の準備状況をチェックする調整委員会委員長の要職を務める。彼の問題発言は、オーストラリア・オリンピック委員会（ＡＯＣ）の会長選挙にも多大な影響を与えたという。その経緯が二〇一七年五月一日の『朝日新聞』（夕刊）で報じられた。

「がん治療をしながら働いていた豪州五輪委員会（ＡＯＣ）女性職員の仕事のミスを責め、『彼女は出て行く時だ。ここは障害者の作業場ではない』と辞職を求めたメールが、地元メディアに暴露されていた。／コーツ氏への批判は、同氏の側近によるＡＯＣ幹部らへの横暴な振る舞いが、直前に内部告発されたことがきっかけだった。側近に対する『監督責任』を問われるだけでも逆風だったが、一気にコーツ氏自身の問題に発展した」

五月六日の会長選挙には、アトランタ大会女子ホッケーの金メダリスト、ダニエル・ロッチの立候補が決まっており、一九九〇年から無投票で会長に選ばれてきたコーツは落選の危機に直面した。そんな状況に気を揉んだのがオリンピック組織委員会の森喜朗会長である。

「森会長は『心配だ。コーツさんは日本にとって最大の味方であり、理解者。もし代わるということになると、歯車が合わなくなってしまう』と話している」（前掲『朝日新聞』）

各競技団体代表ら九三名による投票結果は、コーツ五八票、ロッチ三五票。コーツは当選したものの、従来の無投票とはまったく事情が異なる。コーツへの批判が三五票に表れたとみるべきであろう。

それにしても、副会長の要職にある人物が、オリンピック憲章に定められた「社会的な責任、さらに普遍的で根本的な倫理原則の尊重を基盤とする」「人間の尊厳の保持に重きを置く」というオリンピズムの根本原則を悪質な差別発言で破ったという事実は、ＩＯＣの堕落ぶりを象徴しているのではあるまいか。

増える負の遺産

二〇一六年八月に開催された第三一回リオデジャネイロ大会（ブラジル）後の状況について、衝撃的な報道があった（『朝日新聞』二〇一七年五月二一日）。大見出し「リオ　実らぬレガシー」。中見出し「五輪施設放置　資金難と無計画と」。小見出し「消火器散乱たまる汚水」。これらから、放置されたままの競技施設の惨状が思い浮かぶ。

元サッカー二〇歳以下のブラジル代表で、現在リオデジャネイロ市議のフェリペ・ミシェル氏の話。

「後利用についての無計画さ、汚職、市の資金不足。この三重苦のため、五輪のレガシーは市民に引き渡されていない……東京はどうなっている？　今から後利用のことを真剣に考えないと、我々の二の舞いになるぞ」

紙面では、アテネ、北京、ロンドン、長野などのオリンピックの負の遺産についても触れている。「大会が無事に終われば、それでよし」というのがＩＯＣの基本姿勢で、施設の「負の遺産化」には知らぬ顔を決めこむ。

リオデジャネイロ大会の最終日には、四年後の東京大会のアピールとして、森オリンピック組織委員会会長の考案によって、安倍首相が任天堂のゲームキャラクター、スーパーマリオに扮して登場した。このパフォーマンスのコストは一二億円と言われる。それほど金があることを見せつけようとしたのだろうか。なお、この行為は明らかにオリンピックの政治利用であり、オリンピック憲章に違反している。

だが、東京大会の総コストをどのように見積もるのか、施設の後利用をどう考えるのか、重大な課題が山積している。ハコモノ建設に重点を置いて国際競技大会を招致し、終了後にそのハコモノが負の遺産となった例は、決してリオデジャネイロだけではない。人間として低劣な資質をさらしたコーツＩＯＣ調査委員会委員長と、「日本は天皇を中心とした神の国」「無党派層は寝ていてくれればいい」など首相在任時を含めた発言で多くの批判を浴びている森オリンピック組織委員会会長とは、「よい関係」らしい。このコンビが東京大会で負の遺産をつくり出す危険は大いにある。

矛盾が多いオリンピック・アジェンダ二〇二〇

二〇一四年一二月のＩＯＣ総会で採択された、オリンピックの持続可能性を担保するための「オリンピック・アジェンダ二〇二〇―二〇＋二〇の提言」について、ＪＯＣ関係者などから厳しい批判が出ている。

たとえば、最も重要な提言１で、主に持続可能性の理由から「複数の競技……を開催都市以外で、または例外的な場合は開催国以外で実施することを認める」と定めた。批判の一つはこの分散開催についてだ。実際にはコスト削減どころかコスト増になる、とＪＯＣ関係者は言う。

「分散開催する場合、セキュリティ対策や選手の移動経費が大幅に増え、アジェンダの狙いと明らかに矛盾します」

そうした矛盾を生み出す原因は、分散開催を提言した作業部会(議長コーツ)ではコストの変動を充分に検証しなかったからだ。分散開催は思い切った改革案と捉えられがちだが、かなり杜撰な内容でしかない。

また、大会プログラムについて、「競技に基づくプログラムから種目に基づくプログラムに移行する」という提言10(実施種目数を約三一〇とする)についても、混乱を招くおそれが多分にある。というのも、種目選定に柔軟性を持たせるための改革としているが、実際には国際競技連盟(IF)から新たに六八種目もの要望が出され、まさしく混乱状態になっているからだ。

さらに、提言22「オリンピックの価値に基づく教育を普及させる」や提言23「コミュニティーと交流する」などで、若い人たちとのコミュニケーションに取り組むとしていることから、若者に人気がある種目が安易に選ばれる傾向が強い。東京大会では、スポーツクライミング、スケートボード、サーフィンなどが新たに実施される。競技の世界的な普及度は無視され、市場価値ばかりが重視されて決まる。

オリンピック憲章には、根本原則をはじめとして、競技から種目への変更などアジェンダ二〇二〇の提言にいたるまで、どんどん付け加えられ、書き換えられている。しかし、オリンピズムの理念や理想が消えてしまった現状にあっては、実効性のある改革は不可能であろう。J

ＯＣ関係者は断定的に話す。

「アジェンダ二〇二〇は、オリンピック改革案どころか、改悪案じゃないでしょうか。すでに矛盾が明らかになり、混乱が生まれています。このままでは、オリンピックの命取りになるかもしれませんよ」

2 ドーピングに対する腰が引けた対応

ロシア選手の出場は認められるのか

二〇一六年八月のリオデジャネイロ大会を間近に控えて、ロシアの国家主導によるドーピング問題でとくに注目されたのは、同国選手の出場の可否である。

世界アンチ・ドーピング機関(World Anti-Doping Agency：ＷＡＤＡ)は二〇一五年一一月、「ロシア陸上界が組織ぐるみでドーピング違反を行い、国もそれを隠蔽していた」という調査チームの報告書を発表し、「リオデジャネイロ・オリンピックからロシア選手団全体を締め出すべきだ」とＩＯＣに勧告した。国際陸上競技連盟(国際陸連)もロシア陸上競技連盟を資格停止処分にし、選手のオリンピック出場を認めないことを決定する。

これに対してＩＯＣは、すぐに結論を出すのを避け、出場をめぐってロシア側からの提訴を審議していたスポーツ仲裁裁判所（Court of Arbitration for Sport：ＣＡＳ）の裁定に委ねた。ところが、ＣＡＳは最終的な裁定をＩＯＣに投げ返す。

「国際陸連のロシア選手の出場を認めないという決定を支持する。ただし、ＩＯＣは仲裁裁判の当事者ではないので、ロシア選手のエントリーをＩＯＣが受け入れるか拒否するかについて、ＣＡＳは判断できない」

この裁定を受けて第九代ＩＯＣ会長のトーマス・バッハ（ドイツ人の元フェンシング選手でモントリオール大会団体の金メダリスト、弁護士、在任期間二〇一三年〜）は、二〇一六年七月二四日、電話によるＩＯＣ理事会を開催。三時間に及ぶ議論の末に、「国際競技連盟に判断を委ねるかたちでロシア選手の条件付きオリンピック出場を認める」という結論を出す。理事会後、電話記者会見でバッハは以下のように語ったと報じられた。

「ロシアの国全体の責任と選手個人の正当な権利とのバランスを考慮した。リオデジャネイロ大会への出場を望む選手には厳しい条件を求める」

条件とは次の三点だった。

①国際競技連盟に十分な証拠を提出した選手のみ、エントリーを認める。

②過去にドーピング違反で制裁を受けた選手（制裁を終えた選手を含む）のエントリーは、認めない。

③エントリーが認められた選手は、追加検査を受ける義務がある。

選手の出場の可否を判断する国際競技連盟によってエントリーが認められなかった選手は、選手団三八七人のうち一〇〇人を超えた。一方、テニス、フェンシング、体操、新体操、バレーボールなどで、多くの選手の出場が認められた。

政治的に下した判断

この理事会でバッハ会長は、世界アンチ・ドーピング機関の勧告やスポーツ仲裁裁判所の裁定にとらわれることなく、ＩＯＣにとって何が得かを判断し、理事たちを説得したと思われる。もともと両機関は、自らの権威を守るための組織としてＩＯＣが設置し、最終的にコントロールできる仕組みになっている。だからこそバッハは、反発を前もって想定したうえで両機関をクッションとして巧妙に使った、とも言えよう。

重大な問題への対処ぶりに、改めてバッハの現実的な判断を下す力量を見せつけられる思いがした。その力はどこからくるのか。

元ＩＯＣ関係者から得た情報によると、メルセデス・ベンツをはじめとするドイツ財界やドイツ政府がバッハを後押ししているという。したがって、彼は常に国際的な政治・経済関係を考慮した判断を下しているのである。その意味では、ドイツにとって政治的・経済的に重要な国であるロシアとの全面対決を避けようと考えていたとも推測できる。

前述の理事会決定に対して、「われわれの出した勧告をＩＯＣは無視した」という世界アンチ・ドーピング機関幹部の批判をはじめ、「ＩＯＣの弱腰・臆病」など、メディアからの批判も噴出した。これは予想どおりと言えよう。『朝日新聞』の社説「ドーピング――決意が問われるＩＯＣ」（二〇一六年七月二六日）には、批判をこめた重要な指摘がなされている。

①選手の出場の可否を各国際競技団体の判断に委ねたこと

「今後の対応は団体ごとにばらばらになるだろう。……これで競技間の公平が担保されるのか。もっと統一的な対応をとらなかったのは、世界最大の祭典の統括組織としての責任を放棄したといっていい」

②大国ロシアへの配慮

「今回の結論がこうしたロシアの影響力を考慮し、目先の利益にこだわったものだとしたら、将来に向けてスポーツの本質的な価値を損なうことになる」

③ドーピングに対する闘い

「ドーピングは競技を不公平にするだけでなく、人間の健康もむしばみ、スポーツの根源的な意義を損ねる。その重大な問題と闘う決意が、ＩＯＣと各国の傘下団体に求められている」

また、理事会決定についての批判のなかに、ＩＯＣ委員の注目すべき発言があった。『毎日新聞』の「クローズアップ」（二〇一六年七月二五日）は、こう報じている。

「ＩＯＣ委員でスケルトン選手だったアダム・ペンギリー氏（英国）は『出場禁止としなければＩＯＣは終わりの始まりとなる可能性が高い』と指摘」

ＩＯＣの存否に関わる重い指摘だが、バッハも逆の発想から「終わりの始まり」を考えていたのではないか。つまり、ロシア選手団の出場を全面禁止にした場合、確実にＩＯＣの「終わりの始まり」になると。スポーツ経済学者・アンドリュー・ジンバリスト（米国）は、著書『オリンピック経済幻想論～２０２０年東京五輪で日本が失うもの～』（田端優訳、ブックマン社、二〇一六年）に、こう記している。

「トーマス・バッハがＩＯＣの会長となった二〇一三年九月、彼はどこかに欠陥があると気付いていた。長らく続くオリンピック開催への立候補都市の減少傾向は、二〇二二年冬季大会の立候補都市が次々と撤退したことで顕著になった。……／バッハは二つの側面から問題の是正に取り組んだ。第一に、彼は世界中の数々の自治体を回り、ＩＯＣは各都市の招致活動を大いに歓迎すると伝え歩いた。第二に、招致をより魅力的にするための改革案を宣伝し始めた」

スポーツばかりでなく、政治でも経済でもロシアの影響力はきわめて大きい。ドーピング問題でロシアを切れば、明らかにオリンピックに多大なダメージを与える。現実主義者のバッハは、オリンピックの存続の危機を察知し、規制緩和などの手を打ってきている。

勝利至上主義の見直しが不可欠

ところで、前述の社説のドーピング批判や指摘は、おおむね妥当と言える。しかし、残念ながらドーピング問題の根源的な批判にはなっていない。なぜなら、ドーピングがなぜ行われるのかをとことん追求しないかぎり、問題解決の道は見つからないからだ。

端的に言おう。ドーピングの要因は勝利至上主義である。そして、勝つためなら何でもありという考え方を生み出したのは、ナショナリズムとコマーシャリズムだ。一九六四年東京大会のころからドーピングに警鐘を鳴らし、反ドーピング活動を牽引してきた黒田善雄氏（スポーツ医学者、東京大学名誉教授）は、『臨床スポーツ医学』（一九九四年六月臨時増刊号）で記している。「第二次世界大戦後、世界におけるスポーツ水準の向上と普及は著しいものであった。それは、社会主義国と自由主義（資本主義）諸国との冷戦構造を背景にしたスポーツ界へのナショナリズムやコマーシャリズムの浸透をひき起こし、その結果勝利のためには手段を選ばないというスポーツの本質の否定をも招いた。ドーピングの蔓延もそれらのもたらしたものといえよう」

国家間のメダル獲得競争やサイボーグ化した選手による「見世物」の舞台になったオリンピックこそがドーピングを世界中に蔓延させたと言って、間違いなかろう。言い換えれば、オリンピックをいっそうエキサイティングでスリリングな見世物にすることを要請する多国籍企業や強大メディアも、ドーピングの深化と拡大に加担していると言える。

ナショナリズムやコマーシャリズムに利用するために、選手を非人間化する勝利至上主義の呪縛から解放されないかぎり、ドーピングはなくならない。

こうした状況に対して、森オリンピック組織委員会会長に主導権を握られた小池百合子東京都知事は、開催都市として何をどうすべきか明確な方針を打ち出せていない。小池知事によって、東京オリンピックの混迷はより深まっている。「終わりの始まり」の流れは、バッハの改革案では止められない。

3 ヨーロッパに見捨てられた冬季大会

平昌大会の自然破壊

二〇一八年二月開催の第二三回冬季平昌《ピョンチャン》大会を前にして、韓国では自然破壊などから市民の反対運動が起きた。スポーツ文化研究所に所属する李敬烈《イギョンリョル》さんも、そのひとりだ。李さんは一七年に来日し、二月二五日に「二〇一八年ピョンチャン冬季オリンピックの実態」と題した講演を行った。衝撃的だったのは、スキー・滑降競技のコース新設による可里旺山《カリワンサン》（北東部の江原道）の大規模な環境破壊の実態である。

「平昌オリンピックの誘致が決まった直後、可里旺山がスキーの競技場に指定されました。専門家による調査も市民に対する説明もないままです。可里旺山は海抜一五六一メートルで、旌善《チョンソン》郡にあり、五〇〇年ほど前から保護されてきた山です。李氏朝鮮時代（一三九二～一九一〇年）には、豊かな自然を守るために人びとが多く出入りしないような政策が採られました。みなさんがよく知っている朝鮮人参の産地でもあります。

韓国の環境保護法において、最も厳しく開発が規制される森林保護区でしたが、オリンピック誘致後に法律が改正されて、スキー場ができました。可里旺山に決まった理由は、国際スキー連盟の基準に当てはまる場所が他になかったから。滑降競技では、スタート地点とフィニッシュ地点の標高差が男子では八〇〇メートル以上なければならないという条件があるのです」（「二〇二〇オリンピック災害おことわり連絡会」発行のパンフレットに筆者が加筆・修正）

反対運動で掲げられたスローガンは、「たった六日間の競技のために、樹齢五〇〇年を超える樹木を伐採する価値があるのか」（意訳）だった。

反対運動によってコースは多少変更されたものの、環境破壊が抑えられたわけではない。市民団体によると、この時点で三〇万本の樹木が伐採されたという。自然環境を大きく破壊してまで開催する価値が、冬季オリンピックにあるはずはない。

取り返しのつかない環境破壊の責任は、直接的には平昌大会組織委員会にある。だが、最大の責任を負わねばならないのはＩＯＣだ。オリンピック憲章の第1章2（ＩＯＣの使命と役割）には、「環境問題に対し責任ある関心を持つことを奨励し支援する」という、まわりくどく曖昧な表現しかされていない。大会を取り仕切るＩＯＣのそうした姿勢が、開催地での重大かつ深刻な環境破壊を頻発させてきた。

平昌郡は寒冷地とはいえ、二〇〇〇年代の平均積雪は約二七センチで、競技を行うには人工雪に頼るしかない。そうした条件での開催自体が困難であるにもかかわらず、なぜ強引に行われたのか。その理由は、競技施設や関連施設の建設、ソウルから平昌郡までの高速鉄道や高速道路整備などによる経済的利益があるからにほかならない。そしてＩＯＣは、大会開催による経済利益確保（テレビ放映権料やスポンサー・ライセンス収入）のためなら、なんでも容認する。

再び札幌冬季大会？

ＪＯＣによる二〇二六年の第二五回冬季大会招致の国内候補都市募集は一七年一一月九日に締め切られ、札幌市が名乗りを上げた（一八年九月に発生した北海道胆振《いぶり》東部地震の影響で断念し、三〇年の第二六回冬季大会に切り替えた）。

振り返れば、一九七二年の第一一回冬季札幌大会の際、滑降競技に必要な標高差があるのは恵庭岳だけであり、平昌大会と同様に大規模な自然破壊が行われた。現在は一見、緑で埋められているが、樹木を伐採して造成したコースの傷跡がいまだにはっきりと残っている。取り返しのつかない恵庭岳の自然破壊を猛省するならば、大会招致という過ちを二度と繰り返してはならないと考えるのが当然だろう。

では、なぜ名乗りを上げたのか。札幌市から相談を受けているというＪＯＣ関係者が打ち明けた。

「大会招致を主導しているのは経済界です。沈滞が続く札幌の経済を活性化させたいということでしょう。とくに、函館（新函館北斗）から札幌までの北海道新幹線の開通が二〇三〇年度に予定されていることもあり、三〇年大会の招致が真の狙いです。ただ、バッハＩＯＣ会長は夏季大会で二四年のパリと二八年のロサンゼルスの二大会を同時に決めたように、冬季大会でも二六年と三〇年を一緒に決める可能性があります。ですから、手は挙げるが、二六年は最初から捨てて、三〇年を狙うという戦略です」

また、地元紙のある編集委員は、札幌市の立候補の細かな筋書きをこう話した。

「札幌の行政は、一九七二年の大会時に建設した競技施設がのきなみ老朽化し、抜本的な改修が必要になっています。そこで、オリンピックの招致で、国から二分の一の資金援助が得られると踏んでいるのです。また経済界には、三〇年度開通予定の新幹線建設を前倒ししてほしいという思いがあります。なにしろ、スポーツをはじめ冬を楽しむということが下火になっている。言い換えれば『北』のアイデンティティが希薄になっているわけです。一方、東南アジアではウインター・ブームが起きており、中国が流れをつかんでいます。それに対抗するにも、七二年のように、札幌を中心にもう一度ウインター・ムードの底上げをする必要がある、ということです」

存亡の危機に直面

二〇二二年の第二四回冬季大会は北京（中国）に決まっている。もし二六年に札幌が選ばれれば、三大会連続でアジア地域開催という前代未聞の事態が起きていた（結局、ミラノ／コルティナ・ダンベッツォ（イタリア）に決定）。

ヨーロッパ各国の国内オリンピック委員会は二〇一四年に、冬季大会への立候補について調査した。すると、オーストリア、ドイツ、スウェーデン、スイスなどでは、多額の開催費用を主な理由として市民の反対が五十数％から七十数％にのぼり、立候補しない選択がなされているという。二六年冬季大会に当初有力視されていたインスブルック（オーストリア）も、市民の反対で立候補を取りやめた。多くのヨーロッパ諸国はもはや冬季大会を見限り、切り捨てる道を選んだと言ってもよいだろう。

もともと冬季オリンピックは、フランス・オリンピック委員会と冬季競技連盟などが結託し、一九二四年に開催されたシャモニー・モン＝ブラン冬季競技会を「オリンピック大会」にするようIOCに圧力をかけて、成立している。競技も長くヨーロッパの一部諸国に限定されており、オリンピズムとはほとんど関係なく開催されてきた。そうした歴史的経緯にもかかわらず、ヨーロッパで立候補反対の動きが広がっている。これは、冬季大会の断末魔と言えるだろう。

改めて、ここまで事態を深刻化させた原因を探ると、バッハ会長が主導したアジェンダ二〇二〇にいきつくようだ。あるJOC幹部が、こう激しく批判する。

「アジェンダ二〇二〇を契機に、大会さえ持続できればすべて容認するという方向に変容した。見境がなくなり、何でもありというバッハ会長のやり方が、オリンピックへの求心力をそぎ、どんどん窮地に追い込んだ。とくに冬季オリンピックは、本格的な存亡の危機に直面している」

4 若者への迎合

平和な世界の建設より若者の取り込み

六月二三日が「オリンピックデー」と知る人は、そう多くはあるまい。その由来は、一八九四年六月二三日にIOCが創設されたことにある(一二ページ参照)。一五ページで述べたように、IOCは近代オリンピックの四つの目的をオリンピック憲章第一条(当時)に定めた。

そこで明らかなように、オリンピックは競技大会だけを意味するものではなく、オリンピックの原則を世界に広める「運動」と捉えている。その核心は、スポーツを通じて相互理解を深め、友好の精神に則って若者を教育し、平和な世界の建設に協力することである。ここには、明確な理想が述べられている。

ところが、いつのまにかその核心が消され、抽象的な規定に書き換えられた。現在のオリンピック憲章に記された目的は、以下のとおりである。

「オリンピズムの目的は、人間の尊厳の保持に重きを置く平和な社会の推進を目指すために、

人類の調和のとれた発展にスポーツを役立てることである」（オリンピズムの根本原則２）

なぜ、このような一言一句を解説されなければ理解できないような、美辞麗句を並べただけの規定に変えられたのか。それに答えるためには細かな歴史的検証が必要であるが、少なくとも、激動する国際情勢に翻弄され、屈し、ＩＯＣ自ら理想を捨て去ったのは明らかだろう。

挙句の果てにＩＯＣは、若者をオリンピックビジネスのための目玉商品や有力な消費者としてしか見なくなった。事実、二〇二〇年東京大会にはＩＯＣの若者迎合策が露骨に表れている。

オリンピックの簡素化を目指した第八代ジャック・ロゲ会長（ベルギー人の元ヨットオリンピック選手、整形外科医、在任期間二〇〇一～一三年）のもとで正式種目からはずされた野球・ソフトボールを東京大会で復活させたいと、オリンピック組織委員会は必死でＩＯＣの説得に当たる。その過程で、ＩＯＣ側から提案された。

「若者が関心を持つ競技を加えるならば、野球・ソフトボールを正式種目にしてもよい」

そこでオリンピック組織委員会は、ＩＯＣの意向に沿って若者に人気のあるスケートボード、スポーツクライミング、サーフィン、バスケットボール三人制、自転車ＢＭＸフリースタイルなどの新競技を採用することを決めた。

これに対してＩＯＣの競技担当者は「オリンピックの魅力を広げる刺激的なパッケージの完成」と評価しているという。言い換えれば、若者を引き付けるためのオリンピックのバラエティーショー化とも言える。それは、若い世代の視聴者を獲得するためにバラエティー番組を多く制作するテレビ局と同じ発想だろう。

ＩＯＣはこれらの競技の文化的意味（ルールの普遍性、五大陸での普及度、競技人口、競技の特殊性や安全性など）について、ほとんど無知といってよい。単に、若者に人気があるというだけで飛びついたにすぎない。毎日新聞社の田原和宏記者はこう記す。

「テレビよりスマートフォンやタブレットを好む若者をターゲットに、ＩＯＣは一六年、インターネット向け動画配信サービス『五輪チャンネル』を創設し、露出の拡大を図っている。そのＳＮＳのコンテンツとして、おしゃれな会場で軽快な音楽に乗ってアクロバティックな技が飛び出す都市型スポーツは若者に人気が高い。ＩＯＣのトーマス・バッハ会長も『新競技は五輪をもっと若者向け、都市向けにしてくれる』と期待する。若者を振り向かせる『特効薬』となるか東京五輪が試金石となる」（『毎日新聞』二〇一九年五月二七日）

東京大会の準備状況を視察するために二〇一九年六月に来日したＩＯＣのジョン・コーツ調整委員会委員長も、「都市型新競技がオリンピックに新たな潮流を生み、若者を魅了する」と期待をこめた発言をしたという。

同じ紙面で田原記者は、「小中学生　五輪主役に」のタイトルで、東京大会で採用される新競技のスケートボードで出場を狙う日英両国の小中学生を紹介している。アクロバティックな危険な技を求められる競技で小中学生が主役になること自体、異常ではないか。子どもを見世物にする「五輪サーカス」以外の何ものでもあるまい。

二〇二四年パリ大会の組織委員会も、東京大会で採用したスケートボード、スポーツクライミング、サーフィンのほかに、新たにブレークダンスを加えることを決めた（野球・ソフトボールは、はずされた）。

次の新種目は依存症が警告されるeスポーツ？

こうした流れの先に、新競技として近い将来、採用されるのではないかと噂されているのがeスポーツ（electronic sports）だ。コンピューター・ゲーム、ビデオ・ゲームを使った「スポーツ競技」である。すでに、二〇一八年の第一八回アジア競技大会（ジャカルタ）で初めて公開競技として実施され、日本国内でも一八年から「全国高校eスポーツ選手権」が始まった。一九年には、国体に合わせて茨城県内で「全国都道府県対抗eスポーツ選手権2019IBARAKI」が行われる。

「だいたい、eスポーツをスポーツとしてどのように定義するのか曖昧なんです。それに都道府県にどれだけの組織があり、どのような活動をやっているのかも分からない。にもかかわらず、アジアオリンピック評議会からはアジア大会の選手エントリーをJOCがやってくれ、と言ってくる。IOCが競技として採用することになれば、JOCとしても認めざるを得なくなるでしょう」（JOC関係者）

若者の絶大な人気を得て、eスポーツは世界的に拡大し続けているだけに、IOCが今後ますます関心を強めるのは間違いないだろう。こうして若者迎合にのめり込むＩＯＣは、世界保健機関（ＷＨＯ）が最新版の国際疾病分類で「ゲーム障害」を依存症の一つと認定したこと（二〇一九年五月二五日）を、どう受けとめているのだろうか。

五月二六日の『毎日新聞』は、三面の大半を使い、「ゲーム依存　若者にリスク」の大見出しで特集を組んだ。そのリードには、こう記されている。

『ゲーム障害』は、なりやすい対象が未成年層だという点に大きな特徴がある。オンラインゲームなどの人気の高まりに専門家が警鐘を鳴らす中、ゲームは若者に支持された新たなスポーツとしての市民権も既に獲得しつつある」

記事に示されたＷＨＯの「ゲーム障害」診断ガイドライン概要を紹介させていただく。

①ゲームの頻度やプレー時間などのコントロールができない
②日常生活や他の関心事よりゲームを優先する
③（人間関係や健康などで）問題が起きてもゲームをやめない
これらの症状が一年以上（重症ならより短くても）、継続または繰り返される場合、ゲーム障害と診断される。

ネット・スマホ依存症の専門医も、「ｅスポーツは……ゲーム障害になる危険性はスマホゲームと変わらない」と指摘している。

ｅスポーツは、若者の人間としての尊厳を否定しかねない。

●第6章● 誰のため、何のための二〇二〇年東京大会

1 森喜朗会長の独裁体制

目的はラグビー・ワールドカップの開催

二〇〇五年四月一日、森喜朗元首相が日本体育協会（「日体協」）会長に就任した。日体協は、国民体育大会（国体）を主宰する。森は存在意義が薄れる一方の国体を開会式に天皇が出席する行事として高く評価し、日体協の最高責任者としてそこに立ち会うことが最高の栄誉であると強く思い込んでいたようだ。なお、日体協は二〇一八年四月一日から日本スポーツ協会に名称を変更した。

日体協会長の座を狙う森にとって重要な鍵となった人物が、会長選考委員の一人であった日比野弘・日体協常務理事（国体委員長）だ。日比野は元早稲田大学・ラグビー部監督。わずか四

カ月で同部を辞めた森であったが、日比野はラグビーつながりで、「森会長」を実現させるべく積極的に根回しをしたと言われる。

日体協の会長就任から三カ月たらずの二〇〇五年六月二五日、再び日比野の強力な推薦を得て、森は日本ラグビーフットボール協会の会長にも就任した。首相経験者としての政治力を買われたと言われる。

森は就任後、自らの権威を高めるために、すぐに二〇一一年のラグビー・ワールドカップ第七回大会の日本招致の先頭に立つ。大会招致の大義名分として、ラグビーの後進地域アジアで普及・振興のリーダーシップを日本が取ることを強調した。裏を返せば、アジアのスポーツにおける日本の覇権主義を露わにしたと言える。だが、第七回大会の招致には失敗する。その後、財政力を最大の売り物にして、今度は一九年の第九回大会の招致を目指す。そして、〇九年七月に日本開催が決まった。

ところが、社会人と大学のラグビー人気はかつてと比べて低迷。高校も部員数が減少し、複数の高校で連合しなければチームが結成できないケースも出現。そうした国内事情を反映して、ラグビー・ワールドカップへの関心は高まらなかった。

さらに、森の前に立ちはだかったのが競技場問題である。ラグビーの国際競技連盟であるワールドラグビーの規定は、準決勝と決勝を行うメインスタジアムに八万人の収容能力を求めている。国立競技場の収容人員は七万五〇〇〇人なので、不適格であった。そこで森は、国立競技場の建て替えを目論んだ。

とはいえ、日本で知名度の低いラグビーのために、巨費を投じて巨大な新国立競技場を建設することは、到底受け入れられないだろう。では、どうすればよいか。

折から東京都は、二〇〇九年一〇月に、一六年に行われるオリンピック第三一回大会の開催地投票でリオデジャネイロに敗れた。仮に二〇年大会を招致すれば、オリンピックのメインスタジアムとして新国立競技場を建設できる。森はその実現のために権謀術数をめぐらすとともに、スポーツ界を牛耳る権力の掌握に必死になった。

石原慎太郎を東京都知事にしてオリンピックを招致

日体協は二〇一一年七月に、森が実行委員長となって創立一〇〇周年記念事業を行う。その三年前から、一〇〇年史の編纂やシンポジウムなどを行い、七月一五日には一〇〇周年記念シンポジウムと祝賀式典を開催した。森はスポーツ界の首領としてこの式典を取り仕切れば、一〇〇年前に大日本体育会(日体協の前身)を創設した嘉納治五郎と後々まで並び称されるにちがいないと思い込んだらしい。

二〇一一年三月末の定年(七〇歳)による日体協会長退任(名誉会長に就任)後も、森は記念事業の実行委員長を続けた。森には、この祝賀式典に際して重大な企みがあった。それは、式典に参加するロゲＩＯＣ会長をはじめとする二十数名のＩＯＣ委員を前にして、二〇二〇年大会への再度の立候補を開催都市のトップである東京都知事に宣言させることである。

二〇一一年四月の東京都知事選挙を前にして、現職の石原慎太郎はいったん国政への転身を決め、新たな候補者の名前が浮上してくる。これに対して森は、石原以外の人物が都知事になれば再度のオリンピック招致に手を上げないだろうと考えた。そこで、出馬を表明した松沢成文・神奈川県知事に直接、出馬を取りやめるよう圧力をかけたという。そのうえで、石原を説得して立候補させる。石原は森の狙いどおり、選挙公約の一つに「オリンピック招致」を掲げて当選した。

そして、七月の祝賀式典で、石原は二〇二〇年大会への立候補を表明する。もっとも、石原は招致活動に積極的だったわけではない。スピーチは、招致活動を日本オリンピック委員会（JOC）に丸投げする内容だった。

「東京は汗をかいて血みどろになって金を出し、施設を造るから、JOCは血みどろになって戦い、勝ってこい」

二〇二〇年大会の開催地申請は、一カ月半後の九月一日に締め切られた。立候補したのは以下の六都市である。

イスタンブール（トルコ）、ドーハ（カタール）、東京、バクー（アゼルバイジャン）、マドリード（スペイン）、ローマ（イタリア）。ただし、ローマは首相が財政面から招致活動を支持しないと表明し、翌年二月に立候補を取り下げる。

九月一五日に「東京二〇二〇オリンピック・パラリンピック招致委員会」(「オリンピック招致委員会」)が設立され、招致活動の再スタートが切られる。会長は石原、理事長は竹田恒和JOC会長で、森は招致評議会議長に就任する。一二月には招致活動を野田内閣が閣議了解し、必要な支援を行う方針を示した。

二〇一二年五月のIOC理事会で一次選考が行われ、イスタンブール、東京、マドリードの三市が正式立候補都市に選出された。その後、現地視察や評価委員会の評価報告者の講評を経て、翌一三年九月にアルゼンチンのブエノスアイレスで行われたIOC総会で最終決定。三回目の決選投票で東京が六〇票を獲得し、三六票のイスタンブールを破ったのだ(石原は任期途中で辞任し、東京都知事には二〇一二年一二月に猪瀬直樹副知事が就任。招致活動を引き継いだ)。

なぜ東京に決まったのか

イスタンブール、東京、マドリードの三都市のなかで、オリンピック憲章が目的とする「人間の尊厳の保持に重きを置く平和な社会の推進」という根本原則に最も近い理念を掲げていたのは、イスタンブールであった。しかも、イスラム圏で初めてのオリンピックである。

二〇一六年大会にリオデジャネイロが選ばれたのも、オリンピック運動を五大陸に普及していくという意味で、南米で初めての開催だから整合性がある。イスタンブールは、オリンピック開催を通して東西の架け橋の役割を積極的に果たすというメッセージを発し、最も明確な理念を提示してきた。

にもかかわらず、東京に決まったのは、ＩＯＣの堕落を示している。現在は、八三ページで述べたように、ＩＯＣ評価委員会の少数の委員が候補地を視察して調査し、彼らがまとめた報告書をもとにＩＯＣ委員が投票する。

今回は約一〇人の評価委員が二〇一三年三月に、東京視察に来た。一六年大会の開催地を決めるときは、オリンピックに反対している人たちの意見も聞きたいということで、当時の東京都議の福士敬子さんと、新日本スポーツ連盟の関係者にもヒアリングした。しかし、今回は反対派の意見はまったく聞いていない。

加えて、東日本大震災の被災地の現実や放射能汚染の実態を少しでも知ろうとしていない。四日間だけ来て、いったい何を調査したのか。本来なら、日本がオリンピックを開催できる状況なのか、情報を積極的に集めてしかるべきだ。評価委員の資質の低さが、はっきり分かった。一方で、オリンピック招致委員会は評価委員の接待などに七億円も使っている。

そもそもＩＯＣ委員の多くが東京に関心を持つのは、もっぱらカネ。日本ならスポンサー集めに期待できるなど、ＩＯＣにどんな利益をもたらすかだけが関心事になっている。たしかに東京は、そうしたＩＯＣの拝金主義に対して財政の豊かさを見せつけた。

「東日本大震災からの復興」「被災地のためのオリンピック」という点も強調した。言い換えれば、被災地復興を口実にしたわけである。だが、その中身には何の具体性も説得力もない。

「日本は一つ」などと強調するだけ。結局、東京に決定した理由は経済力が決め手だったとしか言いようがない。

また、二〇一六年大会の落選の理由として、都民の支持率が低かったという点が相当に強調された。ほかの都市は七〇～八〇％なのに、東京は五〇％台だったのが最大の敗因だと。そこで、二〇年大会については何としても支持率を上げなければということで、あの手この手でマスメディア戦略を行った。一二年の第三〇回ロンドン大会のメダリストたちが銀座で行ったパレードも、その大きな戦略だったと思う。メダリストの都心でのパレードは史上初で、国民から大きく支持されているという、国内向けのアピールだった。

二〇二〇年大会の招致についても、当初の賛成は四七％止まりだったが、最終的に七〇％になった。招致計画の内容が変わったわけではない。マスメディアを使って煽った結果による、情緒的な支持と言ってよい。もっとも、この支持率調査はＩＯＣが独自に、東京都にもオリンピック招致委員会にも分からない形でやったので、内実は疑問なのだが……。

裏工作で組織委員会会長に

東京開催が決定すると早速、大会運営を担うオリンピック組織委員会会長の人選に入った。この人事についてＪＯＣ関係者が話す。

「ＩＯＣのバッハ会長が竹田恒和ＪＯＣ会長（ＩＯＣ委員を兼務）に、『組織委員会のトップ人事では政治家は避けたほうがいい』とアドバイスした。これを受けて竹田は、当時の日体協会長・張富士夫（トヨタ自動車名誉会長）をはじめ財界関係者に打診したが、いずれも断られる。その結果、森が浮上して会長の座に就く。その経緯を森は、周囲から『担ぎ出された』と表現していた。しかし、JOC関係者に共有されているのは、『森の側が裏で財界関係者の動きを抑え込んだ』という見方だ」

森はスポーツ関係者の集まる席で何度も、オリンピックよりもラグビー・ワールドカップを重視していることをあからさまに強調していた。すでに述べたように、森の本意はラグビー・ワールドカップのメインスタジアムとして新国立競技場を建設することである。そのためにはオリンピック組織委員会の会長になる必要があった。

バッハが森の会長就任に不満だったのは言うまでもない。IOC会長就任から二カ月後の二〇一三年一一月に、就任後初めて来日した際、バッハはレセプションから記者会見にいたるまで、同席した森と一言も口を聞かず、視線すら合わせなかったという。政治家を信用しないバッハは、森を相手にしなかったのである。

東京大会の開催決定後、新国立競技場建設をめぐっては、「オリンピックのメインスタジアム」とされるだけで、ラグビー・ワールドカップについてはほとんど話題にされなくなった。そのことに苛立ちや不満を抱いた森は、「オリンピックありき」の流れに抗して「ラグビー・ワールドカップありきなんだ」と反発する。

開催が決まって一カ月が経ったころ『毎日新聞』に、森と河野一郎・日本スポーツ振興センター理事長との対談が大きく掲載された（二〇一三年一〇月一〇日、「立ち上がる姿 世界へ発信」）。河野は医師で、森会長体制の日本ラグビーフットボール協会で医事委員を務めていた。森は河野を大抜擢し、JOCの理事に送り込み、二〇一六年東京オリンピック招致委員会の事務総長に就かせる。招致失敗後は森が後ろ盾となって、日本スポーツ振興センターの理事長に据えた。

いわば親分・子分に近い関係の二人の対談で、森は新国立競技場について、こう語っている。

「建築構想はラグビーW杯が決まったことで始まった経緯がある。ラグビーW杯は準決勝と決勝の会場に収容人数八万という内規があり、最初は横浜の日産スタジアムか調布の味の素スタジアムを一応申請していたけど、ピッチの周りに陸上のトラックがある会場をヨーロッパはいやがるんだ。だから、日本がW杯を取るには国立建築で、ということになった」

これに続く河野の発言。

「これ（新しい競技場の建設：筆者注）がなかったら、IOCも良い点はくれなかったと思います。それで私たちも『いちばんをつくろう』といった。『夢をつくろう。それで日本を明るくしよう』という思いです。さらには日本人だけでない国際コンペに。メインスタジアムはシンボルなんです。今の国立競技場も半世紀近くシンボルでした。新国立はそれ以上になるかもしれない。それくらいの思いで『いちばん』と」

ちなみに、日本スポーツ振興センターが二〇一二年七~九月に実施した「新国立競技場基本構想国際デザイン・コンクール」に付けた主な条件は、次のとおりだ。
①敷地範囲は東京体育館、神宮球場、絵画館に囲まれた一一万三〇〇〇㎡。
②収容可能人数は八万人。
③陸上競技、サッカー、ラグビーのほか、コンサートなどの文化イベントにも対応できる開閉式の屋根と一部可動式の観客席を備える。
④二〇一九年九月のラグビー・ワールドカップ開催に間に合わせる。

無責任を可能にする人事配置

では、この対談から二年後に、森は何と言ったのか。二〇一五年一〇月一六日の『毎日新聞(夕刊)』の特集ワイド面から引用しよう。

「国立競技場の建て替えは国の懸案だったんだ。老朽化してるし、陸上競技の公認競技場でもなくなっていた。そこへラグビーW杯が決まり、ちょうどいい機会だからとなった。それで検討していたところに東京五輪だ。当初の有識者会議には陸上競技を代表して元衆院議長の河野洋平さんもいた。ラグビーW杯ありきじゃない。間違えないでください、組織委員会はあくまでユーザー。国立競技場なんだから、基本は国がやるものでしょう」

森は、自分の発言について一切、責任を取らない。二年前には「ラグビーW杯が決まったことで始まった」と言い、ここでは「ラグビーW杯ありきじゃない」と正反対の内容を平気で話す。その場その場で自分に都合のいいように立場をコロコロ変え、無責任な言葉を吐くのだ。そして、口を開けば全体主義を意味する「オールジャパン体制」を強調し、誰にも口をはさませず、自分の思いどおりに人事を決めていく。

日本スポーツ振興センター理事長を辞職（本人は任期終了を強調）した河野は、オリンピック組織委員会副会長に就任し、常勤で森の手足として動いている。河野の次の理事長に就任した大東《おおひがし》和美《かずみ》（元日本プロサッカーリーグ理事長＝Jリーグチェアマン）は、早大ラグビー部で選手・監督として活躍した人物で、これもラグビーつながり。二〇一五年一〇月に文部科学大臣に就任した馳《はせ》浩《ひろし》（元レスリング選手）は森と同郷の石川県出身で、森が政界に引き込んだ。

二〇一五年六月〜一六年八月に東京オリンピック・パラリンピック担当の国務大臣を務めた遠藤利明は、森が影響力を与え続けているスポーツ議員連盟の主要メンバーで、中央大学のラガーとして活躍したことからラグビーのつながりもある。さらに、文部科学省の外局として二〇一五年一〇月に設置されたスポーツ庁の初代長官・鈴木大地（ソウルオリンピック水泳金メダリスト、順天堂大学客員教授）は、医療面から経営面に至るまで順天堂大学と深い関係のある森が抜擢した。順天堂大学関係者が言う。

「大学の理事会トップが、大学のイメージアップを狙って鈴木を教授に引き上げた。教授とはいえ、鈴木は、はっきりと自己主張するタイプではなく、扱いやすい人物なんです。だからこそ、森氏は鈴木を選んだのでしょう」

こうして森は、スポーツ政策推進の要に手下と言える人物を配置し、独断専行を可能にしてきたのである。新国立競技場計画については高額な建設費への批判が噴出し、二〇一五年七月には安倍首相自ら計画を白紙に戻すよう説得。森は承知するしかなかった。それでも、責任追及の手が自らに及ばないような体制をつくっているがゆえに、森が責任を取ることはなかった。そして、あっけらかんとこう言うのだ。

「これ（新国立競技場の建設：筆者注）はあくまで政府、文科省、ＪＳＣ（日本スポーツ振興センター）、東京都が協力して行うことであって、私たち（東京オリンピック・パラリンピック）組織委員会の責任ではありません」（『週刊文春』二〇一五年六月四日号）

だが、森には致命的な弱点がある。それは、スポーツの精神を「滅私奉公」と言い切る、根本的に誤った認識を自覚できない資質だ。そうした人間が二〇二〇年東京大会を取り仕切っている。

新国立競技場は二〇一五年九月に新たにデザインを公募し、一二月に大成建設・梓設計・隈研吾チームによる案に決まった。二〇一九年一一月に完成する予定だ。ラグビー・ワールドカップの準決勝・決勝には間に合わない。決勝戦は横浜国際総合競技場（日産スタジアム、収容能力七万二三二七人プラス仮設スタンド）で行うことになった。

2 国家によるスポーツへの介入

森を支える麻生太郎

安倍首相が白紙化の方針を発表する約四カ月前、二〇一五年三月一八日に開かれた超党派のスポーツ議員連盟の総会は、国立競技場の改築費用に関連する複数の重要な内容を含んでいた。しかも、いずれも麻生太郎会長（現・財務大臣）に絡む内容である。

ひとつは、スポーツ振興基金を取り崩して改築費用に充てるという文部科学省の報告である。文部科学省が管轄するスポーツ振興基金は、「スポーツの国際的な競技水準の向上及びスポーツの裾野の拡大を図る活動に対し安定的・継続的な助成を行う制度」として一九九〇年一二月に設立された。政府出資金（国庫金）と民間からの寄附金を合わせて基金を設け、その運用益によって助成金を交付する。だが、何のための基金なのか明確なビジョンは示されていない。

スポーツ振興基金実現の中心人物は、当時、自民党文教族のホープと言われた麻生衆議院議員である。国庫・民間合わせて一〇〇〇億円単位の基金による利子運用という計画であったが、実際には国庫二五〇億円、民間四四億円、計約二九四億円と大幅に縮小されてスタートした。その結果について、すでに文教族のボスであった森は、「期待はずれ」と麻生に批判的だったらしい。

基金の利子運用益を配分するかたちの助成金は当然、金利が低下すれば減額を避けられない。それでも、毎年一〇億円前後を競技スポーツや生涯スポーツに支出してきた。そのスポーツ振興基金について、文部科学省は政府の出資金である二五〇億円を取り崩し、半分の一二五億円を国立競技場改築費に充てる方針を決めたと報告したのだ。

文教族の独自財源確保としては期待はずれに終わったのであろうが、幅広くスポーツ活動を助成してきた意義はある。それを国立競技場改築のために取り崩すというのは、無茶な話ではないか。

もう一つは、いわゆるサッカーくじ（ｔｏｔｏ、正式名称はスポーツ振興くじ、二〇〇一年から発売開始）の使い道についてである。二〇一三年にサッカーくじに関連する法改正が行われ、二つの変更が決められていた。一つは、売り上げの最大五％までを国立競技場改築のようなスポーツ施設整備などを緊急に行う必要がある「特定業務」に充てられること、もう一つは、サッカーくじを欧州主要リーグやワールドカップなどに拡大することである。この改正が行われた背景も、国立競技場の改築資金を捻出することにある。

そして、今回の総会では、二年前に改正したばかりの最大五％という枠を一〇％程度にまで拡大することが決められた。さらに、サッカーくじの対象を大リーグや国内プロ野球などのプロスポーツに広げる議論を行うことになったという。

サッカーくじの目的は、表向きはスポーツ振興のための財源確保とされている。だが、裏の目的は自民党文教族の自主財源確保である。スポーツ振興基金の結果に関する文教族の低評価に対して麻生が汚名返上のために飛びついたのが、ヨーロッパで盛んなトトカルチョ（サッカーくじ）であった。麻生は、文部省体育局関係者にヨーロッパでの実態調査をさせ、それをもとにサッカーくじを実現させたのだ。

二〇〇六年からは、各自の予想ではなくコンピュータがランダムに選択する運任せの「ＢＩＧ」の発売が始まる。現在の最高当選金は約七億円で、射幸心を煽りに煽っている。その売り上げが増えれば、各スポーツ団体への助成金も増えるから、助成金を配分する役割を担う日本スポーツ振興センターの影響力は強まっていく。

ｔｏｔｏ・ＢＩＧの二〇一三～一七年度の売上額は一〇八〇億～一一二〇億円だ。その一〇％となると、年間一一〇億円規模に達する。それを国立競技場改築費に充てるというのが狙いなのだ。

このスポーツ議員連盟総会の内容から、多額の国立競技場改築費用の捻出という課題をかかえる森を資金面から強力にバックアップしようという麻生の意図がありありとうかがえた。

国家ファーストの東京大会

いうまでもなくオリンピックの開催主体は都市であって、国家ではない。ところが、二〇二〇年東京大会を主導するのは国家である。なぜなら、開催の後ろ盾となるのは、「スポーツ立国の実現」を目指して一一年に成立したスポーツ基本法の第二七条に掲げられた「国際競技大会の招致又は開催の支援等」という規定だからである。

「国は、国際競技大会の我が国への招致又はその開催が円滑になされるよう、環境の保全に留意しつつ、そのための社会的気運の醸成、当該招致又は開催に必要な資金の確保、国際競技大会に参加する外国人の受入れ等に必要な特別の措置を講ずるものとする」

要するに、国際的スポーツイベントの招致は、スポーツ立国の実現のための国家戦略というわけである。その戦略的意味とは、国威発揚であり、経済的利益誘導であろう。森はオリンピック組織委員会の体制づくりについて、こう発言している。

「スポーツ界、東京都、政府関係者だけでなく、経済界や全国の自治体、関係団体の方にも協力を仰ぎ、招致活動で築いた以上のオールジャパン体制をつくってまいります」

二〇一五年の段階で、すでにスポーツ界全般に国家の介入が着々と進んでいた。なかでも、JOCの形骸化は徹底している。たとえば、文部科学省は、従来JOCを通じて配分してきた選手強化費を、一六年度から運営費交付金として日本スポーツ振興センター（JSC）に一元化して配分することを決めた。

「メダル有望種目の戦略的強化費について、JSCが強化計画などを評価項目として検討し、各競技団体に直接配分する」（『毎日新聞』二〇一五年一月二八日）

たしかにJOCは、傘下の競技団体の補助金不正使用や、指導者による選手へのパワハラ、セクハラが次々と発覚し、統括能力を根本から疑われている。それもあって、サッカーくじによる資金力と、独立行政法人であっても文部科学省と強い関係を持つ日本スポーツ振興センターが存在感を高め、スポーツ政策を実施する中核組織に位置づけられていく。

あからさまな金メダル至上主義

二〇一五年一一月二七日には、「二〇二〇年東京オリンピック競技大会・東京パラリンピック競技大会の準備及び運営に関する施策の推進を図るための基本方針」が閣議決定された。内容を云々する前に、都市が主催するオリンピックについての基本方針を政府が決めるというのは、大いに問題と言わなければならない。

では、基本方針の内容はどうか。案の定、国家主導が露骨に示されている。たとえば、安倍政権が掲げる「一億総活躍」に呼応するかのように、要となる基本方針(大会の位置付け)は、「国民総参加による『夢と希望を分かち合う大会』の実現」と表現されている。「一億総活躍」にも「国民総参加」にも、政府が国民を総動員する意図が明らかにある。

また、東日本大震災の被災地の復興の後押しを強調し、「被災地を駆け抜ける聖火リレー、……事前キャンプの実施」を謳っている。だが、第7章で述べるように、被災地からの反発の声は大きい。

政府が意図する国威発揚のための具体的な材料とされるのが、各競技での日本選手の金メダル獲得である。基本方針では、「過去最高の金メダル数を獲得する」とされ、具体的な個数は記されていない。とはいえ、過去最多の金メダル獲得数は一九六四年東京大会と二〇〇四年アテネ大会での一六個だから、それ以上を目指せというわけだ。

一方、当時の遠藤利明オリンピック担当大臣は八月のテレビ番組で「金メダル三〇個、メダル合計八〇個」と述べ、JOCは「金メダル二五～三〇個、世界第三位を目標」とした。また、基本方針決定後の記者会見で、遠藤大臣は本音を明かしたようだ。

「『個人的に三〇個』としながら、『国として『何個取れ』』と文書に書き込むのはあまりふさわしくないと思った』と述べた」(『朝日新聞』二〇一五年一一月二八日)

これまでを大きく上回るこの目標を達成するために、政府は基本方針で「戦略的な選手強化」「国際的に活躍できる人材の育成」「専門的かつ高度な支援体制の構築」など、あの手この手の強化策を羅列している。しかし、政府が「過去最高の金メダル数獲得」と公式に述べ、金メダル至上主義を煽るのは、大きな問題である。

政府のこうした方針は、さまざまな狂騒を引き起こしている。たとえば、日本体育大学は「七〇名の学生及び卒業生をオリンピアン・パラリンピアンとして輩出」という「日体大アスリートサポートシステム」を大々的にアピール。日本大学も、オリンピック選手を養成するスポーツ科学部(競技力向上に特化)を二〇一六年四月に開設し、トップクラスの高校選手の獲得を目指しているという。そのほかの大学や企業などでも、オリンピアンを送り出すべく、選手強化の号令が発せられている。

3 アスリートは二の次

二〇一八年七月中旬にスイス・ローザンヌで開かれたＩＯＣ理事会で、二〇二〇年大会の競技日程が承認される。これをきっかけに「あと二年」という報道が増えていった。バッハ会長がロゲ前会長の「大会簡素化―競技縮小」路線を完全否定し、若者の関心を惹くために競技を増やし、実施されるのは史上最多の三三競技三三九種目にのぼる。

オリンピック組織委員会は大会への関心を持続させるために、日本人選手の金メダルが有望な柔道と体操を開会式の翌日から、レスリングや空手を後半(閉会式前日まで)に配置した。加えて、大会の折り返しにあたる八月一日を「スーパーサタデー」として、新種目の柔道混合団体やテニス女子シングルスなど二一の決勝種目を配置。翌二日は「ゴールデンサンデー」として陸上男子一〇〇メートル決勝や、女子マラソン、体操男子種目別の床運動などを行い、盛り上げのピークを狙うという。

日程の大枠が承認されたとはいえ、問題は山積している。

一般に指摘されている最大の問題は暑さ対策だ。当初計画よりスタート時間を早めた競技がいくつかある。マラソンは立候補申請当時の計画より三〇分早めて午前七時(その後、午前六時に再変更)、男子五〇キロ競歩は二時間早めて午前五時半、ゴルフは一時間半早めて午前七時半とした。それでも、最近の八月の猛暑を考えれば、選手にも観客にも大きな影響が予想される。

日本医師会の横倉義武会長と東京都医師会の尾崎治夫会長は、森オリンピック組織委員会会長と小池東京都知事と面会。森会長には、午前七時開始だと、一時間半後には総合的な暑さ指数(WBGT)が「特別の場合以外は運動を中止」とされる三一度を超えることなどを指摘。尾崎会長は面会後、「競技者、観客、スタッフへの危険がより少ない時間に終わるには、午前五時半にすべき」と述べた。小池知事には「少しでも危険を減らし、観客も競技委員も含めて皆さんが安全な状態でできるように要望します」と述べたという。

また、巨額の放映権料を支払うテレビ局の要望に人気競技の決勝時間が左右される。新聞報道によると、野球とソフトボール日程について、日本のテレビ局の要望で、ソフトボールを先に、野球を後にすることになったという。「調整中」として、発表された競技日程に唯一含まれなかったのが水泳だ。これは、テレビマネーに影響された結果である。揉めた経緯についての報道を紹介しよう。

「大会組織委員会や日本水泳連盟は選手の体調面を考慮して競泳の決勝は夕方以降を希望していたが、IOCは米国のテレビ放送のゴールデンタイムに当たる午前を主張していた。

決着は時間がかかると見られていた矢先の一九日、国際水泳連盟（ＦＩＮＡ）は公式ホームページで『競泳の決勝は午前中とすることで同意した』と記した。……テレビマネーが大会運営を大きく左右する五輪の現実を象徴していた」（『毎日新聞』二〇一八年七月二三日）

テレビ報道に関して最大の影響力を発揮しているのは、第4章でも述べたように米国のＮＢＣだ。ＩＯＣと交わした放映権料の長期契約に、次のような莫大な資金を投じているからである。

二〇一四年第二二回冬季ソチ大会（ロシア）、一六年第三一回リオデジャネイロ大会（ブラジル）、一八年第二三回冬季平昌大会（韓国）、二〇年第三二回東京大会の計四大会に四三億八〇〇〇万ドル。

二〇二二年第二四回冬季北京大会〜二〇三二年第三五回大会（開催地未定）までの計六大会に七六億五〇〇〇万ドル（オリンピック協力金として別途一億ドル）。

オリンピックを興行として運営する企業と化したＩＯＣは、テレビ局との放映権契約と、巨大多国籍企業とのスポンサー・ライセンス契約による収入で支えられている。言い換えれば、そうした資本にコントロールされているのだ。したがって、全世界のテレビ放映権料の七割以上を占めるＮＢＣの意向によって、競技日程（とくに米国で人気のある競技の決勝）が決められるのは当然とも言える。

オリンピック映像の製作と世界への配信を行うオリンピック機構（ＯＢＳ）の委員長が「競技

日程はテレビ視聴者を最大化するためにデザインされている」と言い切ったと、『毎日新聞』は報じている。誰のための、何のためのオリンピックなのかが根本から問われているなかで、明確になってきたのは「アスリートファースト」ならぬ「マネーファースト」なのである。

4 強化される監視体制

東京オリンピック開催に反対し続ける「東京にオリンピックはいらないネット」のメンバーである渥美昌純氏から、情報公開請求で入手したという公安調査庁に関する「通知」を教えられた。二〇一三年九月一八日に公安調査庁次長名で出された「『二〇二〇年東京オリンピック・パラリンピック競技大会関連特別調査本部』の設置について」である。

「『二〇二〇年東京オリンピック・パラリンピック競技大会』の開催決定に伴い、同大会をめぐる不穏動向などの関連情報の収集・分析に努め、政府・関係機関等へ迅速かつ的確に情報提供し、もって同大会の安全な開催を実現することを目的として、本庁に次長を本部長とする標記特別調査本部を設置したので通知する」

具体的には、「『東京オリンピック・パラリンピック競技大会』をめぐる不穏動向などに関する調査活動及び情報提供を円滑に推進し、同大会の安全な開催に資する」ことを目的とし、通知が出された二〇一三年九月一八日から大会終了までを設置期間としている。公安調査庁は、東京オリンピックへの反対や批判を「不穏動向」としてチェックし、規制する体制を早々と整えたわけだ。通知を明るみに出した渥美氏は、こう推測する。

「東京オリンピックに反対してきた関係者は、すでにチェックの対象としてブラックリストに入れられているのではないですか」

この三カ月後に安倍政権によって強行採決され、成立した特定秘密保護法とも相まって、東京オリンピックに対する反対や批判のアクションは徹底的に抑圧される恐れが大きい。

第7章 「復興オリンピック」の真の狙い

1 原発事故対策よりオリンピックの練習拠点

住民の懐柔策として建設されたJヴィレッジ

二〇二〇年東京大会の決定から約二カ月後、「Jヴィレッジ 一八年再開」というタイトルの新聞報道に、改めて東京電力に対する不信を募らせるとともに、激しい憤りを覚えた。なにしろこの時点で、福島県の発表で四万九五五四人の県民が全国各地に避難しているのだ。報道では、次のように要約されていた。

「東京電力は、福島第一原発事故の対策拠点として使用しているJヴィレッジ（福島県楢葉町）から撤退し、二〇一八年ごろにサッカー施設として使用を再開させる方向で検討に入った。Jヴィレッジ以外の場所に対策拠点を設ける準備を進め、日本サッカー協会（JFA）などとともに

に二〇年の東京五輪の練習拠点として利用することを目指す」(『毎日新聞(夕刊)』二〇一三年一一月二五日)

これぞまさしく、東京電力のさらけ出したおぞましさと言えよう。

Jヴィレッジに関して最優先されるべきは、いうまでもなく何年かかるか分からない原発事故の収束と廃炉へ向けた取り組みの中枢的な機能を果たし続けることである。ところが、東京電力はその機能を放棄し、廃炉に向けた取り組みから目を逸らさせる狙いもあってか、オリンピックを口実に、サッカー施設の再開(広大な施設が完全に除染されたか疑問との声もあった)に躍起となっている。

Jヴィレッジは一九九七年に日本初のサッカー・ナショナルトレーニングセンターとしてオープンし、ワールドカップ代表の合宿などに利用されてきた。建設に際しては、日本サッカー協会などのほか、福島県や東京電力が出資している。私は二〇〇〇年ごろに、原発増設に反対し続けている地元住民の声を聞くことを主眼に、現地取材した経験がある。そのときは、原発反対運動の市民組織「脱原発福島ネットワーク」(一九八八年創設)の中心メンバーとして活躍する佐藤和良氏から、貴重な話を聞かせていただいた。

佐藤氏は、原発増設を目指す東京電力が住民の懐柔策としてサッカー施設を利用した(以下の記事では「セットで提案」と表現)と述べるとともに、原発事故への危惧を指摘していた。『週刊金曜日』(二〇〇〇年四月二一日号)に寄稿した私の文章「原発推進のお先棒を担ぐスポーツ界の貧困な思想」から、佐藤氏の話を紹介する。

「セットで提案されたことから見ても、原発増設の見返りにサッカー施設を寄付したのは明らかです。電力会社が常套手段としているアメとムチというやつです。Jリーグやワールドカップなどによるサッカーブームを利用してサッカー施設を寄付し、これまでのハコモノ（体育館やホールなど：筆者注）から目先を変えるのが狙いでしょう。しかし、通産省でさえ公益事業として適切かどうか疑問視していたぐらいで、サッカー施設の建設費一三〇億円は原発増設費に組み込まれるという仕組みになっているんです。つまり、電気料金に参入される。とんでもないことです。だいたいワールドカップのときに原発事故が起きたらどうするんでしょうね」

「原発は核のゴミを残し、放射能による被曝の危険などを考えると、迷惑施設でしかありません。度重なる事故で、これまでバラ色の振興策と言われたものが無惨に打ち砕かれた、というのが現実。トレーニングセンターも本当の地域振興にはならないと思います」

この取材から一一年後、佐藤氏らの危惧していた原発事故が起きる。Jヴィレッジは当然のようにサッカー施設としての機能を奪われ、原発事故対策の最重要拠点とされた。

犠牲にされる被災地

佐藤氏は現在、いわき市（福島県）の市会議員である。衆議院の国家安全保障に関する特別委員会が二〇一三年一一月二五日に福島市で開いた特定秘密法案についての地方公聴会で、陳述者の一人として佐藤氏が法案に反対する姿が報道された。あまりに多くの問題点をはらむ法案だけに、佐藤氏をはじめ陳述者七人全員が反対するという異例の事態に。だが、その反対意見は完全に無視されて、安倍政権は翌日、衆議院で強行採決した。

「復興オリンピック」を掲げた東京オリンピック、それと関連づけられるＪヴィレッジのサッカー施設の利用再開などについて、改めて二〇一三年一一月に、佐藤氏に取材した。

――放射性物質を除染してＪヴィレッジの利用を再開することについて

「除染といっても、除染しきれるものなのか疑問だし、除染したものをどこに持っていくのかも簡単には決まらないでしょう。困難な課題が多く、現実化のためには越えなければならない高いハードルがいろいろあると思います。

だいたい、原発事故対策の前進拠点をＪヴィレッジのほかのどこでやるのかより、サッカーのナショナルトレーニングセンターとしての機能の回復を優先して考えるというのは、東京オリンピック開催にかまけて、原発事故を収束させるセンターとしての機能を損なわせます。それは責任放棄です」

――被災地復興を掲げた東京オリンピックの招致決定について

「原発事故の状態はコントロールされているとか、湾内の〇・三㎢は完全にブロックされているとか、招致のための嘘をつき、復興をだしに使い、被災地をだしに使った、人間として品のない行為ですね。

結局、東京オリンピックは復興につながらない。いま私どもの市や町村で災害公営住宅の建設に取り組んでいますが、資材や人件費が高騰して、作業員がいないという状況です。そのうえ、オリンピック関連の建設需要が増え、二〜三年後には資材も作業員もいなくなる可能性がある。原発の現場でも被曝線量が限界にきたベテランの作業員が離脱して、大勢の素人作業員が除染などをやっているんです。

でも、危険な仕事より、首都圏のオリンピック関連現場のほうに惹かれていき、被災地の復興は遅れる。建設・土木の面からだけでも、それは明らかです。

結局、東京オリンピック招致のために復興を利用し、復興と言いながら被災地を犠牲にする、ということではないですか」

一方、首相官邸のホームページには、ブエノスアイレス（アルゼンチン）で二〇一三年九月に行われたＩＯＣ総会におけるプレゼンテーションの日本語訳がいまも掲載されている。

「フクシマについて、お案じの向きには、私から保証をいたします。状況は、統御されています。東京には、いかなる悪影響にしろ、これまで及ぼしたことはなく、今後とも、及ぼすことはありません」

英語では「the situation is under control」。有名になったアンダーコントロールだ。多くの人が指摘するように、安倍首相の嘘はひどすぎる。

❷「復興」に利用された野球・ソフトボールの福島開催

パワフルメッセージの裏事情

国際オリンピック委員会（ＩＯＣ）のバッハ会長が、二〇一六年一〇月一九日の安倍首相との会談後、記者の質問に答えて「野球とソフトボールを福島で開催するのは選択肢の一つ」と発言したのには、驚かされた。ＩＯＣ会長の立場からの発言となれば、決定的な影響力を持つからだ。

安倍首相を訪問した際には、「日本が参加する野球の開幕戦を福島県内ですれば、パワフルなメッセージを発することになる」と語った。折しも、二〇二〇年東京大会のボート・カヌー、水泳、バレーボールの三会場見直しを巡るドタバタ劇が繰り広げられているさなかである。

その問題解決のための協議に、政府、東京都、オリンピック組織委員会と並んで、ＩＯＣも引っ張り出されていた。バッハはそのドタバタ劇の裏に、組織委員会（政府と一体化している）と東京都との主導権争いがあることを鋭く見抜く。そして、「四者協議はどこかが主導権を持つというような性格ではない」と釘を刺した。

しかし、協議がスムーズに進まず、会場見直し問題はオリンピックそのもののイメージダウンにつながりかねないという危惧が、バッハにはあったにちがいない。そこで、ムードを少しでも変える策として、あえて自ら福島での野球実施の提案をしたのではなかろうか。そこには、森オリンピック組織委員会会長も小池東京都知事も、「復興オリンピック」を強調していることを巧みに捉えて、「復興オリンピックのパワフルメッセージの効果」で説得するというバッハの計算があったと言える。

「やっぱり東北の震災ですよ。あそこで復興をしたと。それをみなさんに近づけるということが大事。世界中からものすごく多くの援助が来た。それに対して、日本としては、オリンピックを開けるようになりましたと。復興で苦労した方々もみんなが喜んでがんばっていますと」（森喜朗「深層ＮＥＷＳ」ＢＳ日テレ、二〇一九年一月四日）

「都といたしまして、被災地の復興なくして大会の成功はないと何度も申し上げてまいりました。この理念のもとで、復興に向けて力強く歩みを続ける被災地の姿を世界へ発信していくということを続けてまいりました。昨年度に引き続いてですが、海外メディアの方々に、東日本大震災の被災地を取材していただく取組でございます」（小池知事「知事の部屋／記者会見」二〇一九年七月二六日）

最近の二人の発言である。とくに森の発言は意味がよく分からないが、要するに彼らが言う「復興」とは、住宅や学校が新たに建てられ、町のかたちができるなどの見た目だけの復興である。それを外国人に見せたいというわけで、肝心の人間が不在だ。私の福島での取材では、

「住民が戻って生活するようにならなければ復興とは言えない」「生活を根こそぎ壊されてしまい、生活の再建もおぼつかない状態で復興など考えられない」といった声をよく耳にした。

森や小池が言う復興の欺瞞を見抜けず、オリンピックの競技をやれば「パワフルなメッセージを発せられる」というバッハは、軽薄すぎる。ただし、バッハが「野球とソフトボールを福島で」と提案した裏には、したたかな計算が透けて見える。

もともと、野球・ソフトボールが実施競技からはずされたのは、ＩＯＣのロゲ前会長の「オリンピック簡素化」の方針によるものだ。それが復活したのはバッハ体制が簡素化方針を放棄したからだが、第５章４で述べたように、あくまで若者に人気の三種目などと抱き合わせであった。追加種目決定の経緯からみても、採用したとはいえ、ＩＯＣ内部にある野球・ソフトボールに対する消極的な姿勢が変わったわけではない。

そうした事情を踏まえたうえでバッハの「野球とソフトボールを福島で」発言を捉えると、彼の真意が推測できるように思われる。

「ＩＯＣ内部では人気のない野球とソフトボールを積極的にやりたいというのだから、やらせればいい。しかも、復興オリンピックのスローガンに合うように被災地・福島での実施をこちらから提案すれば、インパクトを与えられ、ＩＯＣも評価されよう」

福島開催の受けとめ方

バッハの提案後、間を置かずに世界野球ソフトボール連盟のリカルド・フラッカリ会長が一一月一九日に福島を訪れ、会場候補の福島県営あづま球場(福島市)と開成山球場(郡山市)を視察した。その際、内堀雅雄・福島県知事のほうから、わざわざ現地の放射線量の数値を会長に示したという。なぜ、そのようなことをしたのか。

実は、二〇一六年夏にいわき市で開催された世界野球ソフトボール連盟主催のU—15(一五歳以下)ワールドカップに、原発事故による放射線量への懸念から不参加を決めたヨーロッパの国(さしさわりがあるのか国名は公表されなかった)があったという。内堀知事は、そのことを気にしていたにちがいない。フラッカリ会長は、「個人的には問題はない」とし、競技実施に前向きの意向を示したそうだ。

その後、二〇一七年三月のIOC理事会で、あづま球場で行われることが正式決定した。また、開会式二日前の二〇二〇年七月二二日には同球場で、ソフトボールの日本代表の開幕戦とセレモニーを行い、「復興オリンピック」をアピールするという。

それを福島の人びとはどう受けとめているのか。地元関係者などから取材すると、複雑な気持ちが伝わってくる。

内堀知事や地元経済界に代表されるように、「復興オリンピックの一つのシンボル」と歓迎する声が大きく報じられてはいる。しかし、一方には、「地元に戻れない被災者が何万人もいるなかで、オリンピックと言われても歓迎する気にはなれない」と心情を吐露する人もいた。

ある被災地出身者は、複雑な思いを語る。

「原発事故で避難を余儀なくされている被災住民の多くは、オリンピック開催そのものを批判的に見ています。なにしろ、オリンピックのために、原発事故などなかったかのように『復興』のイメージづくりが強引に進められている。復興と名がつけば、国や東電からカネがどんどん出ます。ところが、避難住民に対しては、補償を打ち切り、早く帰還しろとけしかける。まさしく、人権侵害の扱いです。

かつて主な課題とされた放射能汚染と除染の問題が消し去られて、帰還とまちづくりが叫ばれています。そうした変化にはカネが絡み、そのカネが身内から隣人に至るまで亀裂を生む。それでなくても原発事故が風化されているなかでオリンピックの野球が開催されれば、頑張ってよくなった福島を世界に知ってもらおうというような復興インパクトが決定的で、原発事故はなかったことにされてしまうでしょう」

二〇一八年七月一五日には福島市内で、被災地の町村議会関係者らの現状報告を中心にした「第六回福島を忘れない！全国シンポジウム」が開かれた。そこに参加した地元の人に、「復興オリンピック」をどう見ているかを聞いてみた。意見はさまざまだが、積極的に評価する声は少ない。

「被災の現実とあまりにかけ離れたことであり、コメントのしようがない」

「県民のなかでの分断がますます深くなり、オリンピックについて、お互いにはっきりものを言わなくなっている」

「福島原発事故を隠したいという狙いがあるのではないか」

シンポジウムの最後に承認された集会宣言は、こう訴えている。

「東京電力福島第一原発事故から七年をこえました。昨年三月三一日、飯舘村と浪江町、川俣町山木屋地区、四月一日には富岡町の避難区域が一斉に解除されました。避難区域が解除されても、現実には帰還は進まず、生業の再開も保障されないまま、放射能による子どもや若者への影響を心配する世帯が帰還に踏み切れない実態は変わりません。……七年を経過しても、放出された放射性物質は自然の循環サイクルに取り込まれ除去できないまま自然環境を脅かし続けています。汚染の実態は住民に知らされず、失われたコミュニティーを取り返すことはできません」

こうした原発事故による被災の深刻な事態を森オリンピック組織委員会会長は見ようとせず、「復興オリンピック」の偽装で押し切るつもりらしい。

オリンピック組織委員会会長として森がマスメディアで繰り返し、スポーツ精神を「滅私奉公」（私利私欲を捨てて、国や社会など公のために忠誠を尽くす）と強調するのに接したとき、とっさに想起した人物がいた。陸軍次官として一九四〇年東京オリンピック組織委員会の総務委員に加わった東条英機だ。日中戦争で中止となったが、皇紀二六〇〇年を記念する国策としてのオリンピックに主導的な役割を果たそうとした人物である。一九四二年には、総理大臣として大日本体育会（日本体育協会の前身）の会長に就任した（『日本体育協会七十五年史』では、歴代会長から東条の名を消している）。

東条と森は、国家主義・国粋主義で共通している。森が主導するオールジャパン体制による「復興オリンピック」は、「国家ファースト」にほかならない。

❸ 国家発揚と関連が深い聖火リレー

聖火のルートは進軍のルート

「復興オリンピック」の目玉のひとつが、「復興の火」と称する聖火リレーである。古代オリンピック発祥の地であるギリシャのオリンピア遺跡で行われる聖火採火式を、東日本大震災の発生から九年となる二〇二〇年三月一一日に行う構想があることを森オリンピック組織委員会会長が明かしたという（『東京新聞』二〇一八年七月二六日）。実際には、三月一二日に行うことに決まった。

ところで、オリンピック憲章の規定（第1章13）にある「the Olympic flame」は、「聖火」と訳されている。それは、flame（炎・火）が古代ギリシャ人にとって神聖なものだったからである。ただし、聖火リレーは第一回大会から行われていたわけではない。初めて行われたのは、ナチスが政治利用した一九三六年の第一一回ベルリン大会（ドイツ）だ。

聖火リレーは、ドイツ帝国体育委員会の事務総長を務め、ベルリン大会を組織したカール・ディーム博士（著名なスポーツ史家）が「古代と現代とをオリンピックの火で結ぶ」という発想から創案したと言われる。いくつかの資料から、初めて行われた聖火リレーを再現してみよう。

一九三六年七月二〇日、古代オリンピアのヘラ神殿前で、巫女姿のギリシャの女優が太陽光線から金属製の凹面鏡で採火。その火を、ギリシャ→ブルガリア→ユーゴスラビア→ハンガリー→オーストリア→チェコスロバキアと経由してベルリンの主会場まで運び、八月一日の開会式場の聖火台に点火した。その総距離は三〇七五キロ、聖火リレーに参加したランナー（通過国のオリンピック委員会の推薦による）は三〇〇〇人を超え、大会参加者をはじめ観衆一人ひとり、そしてＩＯＣ委員たちに大きな感動を与えたという。

一方、この聖火リレーを企画したのは、ディーム博士ではなくナチス政府だとの説もあった。つまり、戦争になればリレーのコースを逆にたどって攻め込むための実地調査であるという噂がたったのだ。実際に、第二次世界大戦が始まるとナチスはそのコースどおり南下したため、ナチス政府説も完全否定されてはいない。

その後、日中戦争、第二次世界大戦で二大会が中止。戦後初めて一九四八年に行われた第一四回ロンドン大会では、聖火リレーの存続が危ぶまれる事態に直面した。「第二次世界大戦の張本人であるナチスが考え、実施したものを、平和の祭典がどうして踏襲しなければならないのか」という反対の声が上がったからである。

しかし、ベルリン大会で感動を味わったIOC委員たちは、「聖火リレーは式典に花を添える」と主張し、そのまま存続。一九五一年版のオリンピック憲章から「オリンピック聖火は、オリンピアにおいて正式に点火される」と明記された。現在の文章は「オリンピック聖火は、IOCの権限のもとにオリンピアで採火される」となっている。

オリンピック憲章に規定されて以後の聖火リレーをめぐる最大のトラブルは、一九八四年の第二三回ロサンゼルス大会で起きた。同大会では、第4章で述べたように組織委員会が全面的に商業主義を導入。聖火リレーについても、各国から参加者を募集し、一区間一キロ三〇〇〇ドルの有料方式を採ったのだ。

ギリシャ側は当初「オリンピックを冒涜《ぼうとく》している」と怒って、採火式を拒否。最終的には、採火式をはじめギリシャが負担する経費をすべて組織委員会が支払うことで有料方式を認めた。以後、大会ごとに採火式費用がギリシャに支払われるようになったと言われる。

一二一日間の大イベント

今回は有料でこそないが、日本列島を貫く大規模で長期にわたる聖火リレーは、第5章で述べたような森オリンピック組織委員会会長が目指す国威発揚にはうってつけである。ただし、政府、東京都、オリンピック組織委員会、全国知事会で構成する「聖火リレー調整会議」が向き合わねばならない検討課題は多かった。

たとえば、原発事故で溶け落ちた炉心が手つかずのまま、放射性物質で汚染され続ける山野をかかえる福島県で、どのようなコースをとるのか。埋め立て工事が強行される辺野古《へのこ》はじめ、基地問題が深刻な事態にある沖縄県で、どのようなコースをとるのか。そして、各都道府県で、どの程度の数の聖火ランナーをどうやって集めるのか。

ギリシャから日本に運ばれた聖火は、二〇二〇年三月二〇日に宮城県の航空自衛隊松島基地に到着し、二五日まで宮城県・岩手県・福島県の順で、「復興の火」として展示される。その後、聖火リレーは三月二六日に福島県楢葉町《ならは》のJヴィレッジからスタートし、一二一日間かけて四七都道府県を巡る、という。聖火リレー調整会議が、一九年六月一日に発表した。そして、二〇年七月二四日の開会式で新国立競技場の聖火台に点火される。

ちなみに、福島県・沖縄県のルートの概要を紹介しよう。

福島県は、一日目の三月二六日に原発事故被災地を回る。楢葉町から沿岸部を広野町→いわき市と南下した後に、内陸部の川内村に北上してから東進し、富岡町から北上して、大熊町→葛尾村《かつらお》→浪江町→南相馬市に至る。二日目は相馬市、新地町《しんち》へ北上してから南に向かい、飯舘《いいたて》村→川俣町《かわまた》→福島市を経て会津地方へ入り、最後は会津若松市へ。そして三日目は下郷町《しもごう》まで南下した後に東へ向かい、白河市から北上して田村市などを経て郡山市へ。内陸部でコースからはずれた市町村は多いが、被災地の相双《そうそう》地区はすべて通る。これも「配慮」なのだろう。

沖縄県は五月二日と三日の二日間。二日は那覇市から宜野湾《ぎのわん》市→沖縄市を経て、うるま市へ北上し、いったん石垣島に渡った後で再び本島へ戻り、名護市まで。三日は南部の豊見城《とみぐすく》市から始まり、宮古島を含む五市一町一村だ。

なお、聖火リレーと言っても、すべて走り通すわけではない。一つの市町村で聖火ランナーによるリレーを終えたら、次の市町村へは車両で移動する。

放射能汚染が懸念される地域を誘致イベントで走る生徒たち

二〇一八年一〇月一四日、福島県の浜通り地方南部の楢葉町・広野町・いわき市の一市二町が主催した聖火リレーの誘致イベントを現地取材した。聖火リレールートが発表される七カ月半前だ。スタート地点となったJヴィレッジの敷地に入ったとき、科学ジャーナリストの倉澤治雄氏（元・日本テレビ報道局）の言葉が頭をよぎる。

「Jヴィレッジでは、毎日三〇〇〇人もの作業員が出入りし、汚染された防護服を水で洗浄していた。その汚染水や防護服がどのように処理されたのか分からない。空中には、セシウム・ボール（粒子）が飛散している。除染し切れるわけがない」

聖火リレーのランナーとして動員された中学生・高校生たちが、そうした環境について知らされているとは思えなかった。しかも、なぜ、地元市町が聖火リレーを誘致するのか、意図も理解できていないようだ。ぎこちなく走る姿を見て、正直に言って、なんとも哀れに思えた。

森オリンピック組織委員会会長が自ら掲げた「復興オリンピック」の体裁をつくろうために、聖火リレーを福島からスタートさせ、三日間で県内全域を回ることを決めた。そこから、今回のような誘致の動きが起きたのだ。Jヴィレッジをはじめコースの中心となった国道六号線の道路脇の草地などには、放射能に汚染されたままのところもある、と言われている。そこを市町が動員した中学生・高校生に走らせること自体、許しがたい。

現地で出会った、福島で活動を続ける医療ジャーナリスト・藍原寛子さんは、この聖火リレーに関連する記事を『週刊金曜日』(二〇一八年一〇月一九日号)に執筆している。そのなかで、同じ浜通り地方でも大熊町・双葉町・浪江町などでは冷ややかだと指摘。被災者の辛酸、悲惨を極めた現状が伝わってくる大熊町の町議の話を取り上げる。

「一〇日ごろ、復興住宅に入ったばかりの一人暮らしの七二歳男性が自殺した。帰れない、農業ができない、交流もないというこの閉塞感の中、復興や五輪どころじゃない」

人権はもとより、命の尊厳さえ蔑《ないがし》ろにする「復興オリンピック」は、犯罪的ではないだろうか。

❹ 安倍晋三と小出裕章

首相の言葉が虚ろに聞こえる

ＮＨＫは東日本大震災と原発事故が起きた二〇一一年以来、被災地・被災者の取材を通して復興とは何かを検証する『シリーズ東日本大震災』を制作し続けている。ちょうど七年目の一八年三月一一日には、「めざした〝復興〟はいま…～震災七年　被災地からの問いかけ～」を放送した。

福島・宮城・岩手の被災地で取材を重ねるなかで認識した〝復興〟の現実から見て、大越健介キャスターは、安倍晋三首相の発した「復興は、総仕上げに向けて一歩一歩着実に進展しています」という言葉が「虚《うつ》ろに聞こえる」と断じた。

政府は復興期間を一〇年と定め、総計三二兆円の予算を投じて、かさ上げなどの土地整備、防潮堤の建設、災害公営住宅の建設などが次々と実現されている。しかし、そこで住民が新しい生活の花を咲かせようとする姿はほとんど見られない。

また、原発事故による放射能汚染から避難した住民たちの多くは、いまだ帰還していない。除染によって避難指示が解除された地区について、「早く帰還しなさい」と政府や福島県は尻をたたく。だが、拭われない放射能汚染への不安、避難先で生活基盤ができたことなど、住民には帰還しない理由がいろいろある。大越氏は訴えた。

「すべてを一度に失った人たちにとっての復興とは何か、改めて考えなければならない」

復興の意味について自問自答する被災者の重い言葉や不安を隠せない表情は、「総仕上げに向けて進展」という安倍首相の発言の軽さを浮き彫りするように、私には思われた。

安倍とバッハの福島訪問

二〇一八年一一月二四日、安倍首相とＩＯＣのバッハ会長が一緒に、野球・ソフトボール会場となる福島県営あづま球場を視察した。この二人がそろうとなれば、地元ではさぞかし大騒ぎになったのではと思いきや、地元テレビ局関係者は冷めた見方をしていた。

「二人の福島訪問の情報が入ったのは数日前のこと。事前の盛り上げ体制はなかった。むしろ、安倍・バッハ側の配慮で、騒ぎになって地元に悪い印象を与えないよう内々で済ませた、ということじゃないですかね」

たしかに、地元住民の受けとめ方は複雑で、歓迎ムードどころではないであろう。ただ、そうした状況であるにもかかわらず二人があえて福島入りした裏には、それなりの重要な狙いがあったことは間違いない。それは、マスメディアも報道しているように「復興オリンピック」のアピールである。

同時に、オリンピック招致に際してのプレゼンテーションで、福島原発事故を「アンダーコントロール」と述べた大嘘を誤魔化すために、安倍首相としては自らの福島入りで、「安全性」を身をもって示す必要があったと推測される。『朝日新聞』は、政府高官のコメントも含めて、首相訪問の意図をこう記している。

「政府内には、首相が今回の福島訪問でＩＯＣ会長と再び並ぶことで『五輪前に風評を払拭し、改めて世界に安全をアピールしておきたい』（政府高官）との考えがあった」（二〇一八年一一月二五日）

一方、バッハは首相の発言を鵜呑みにするだけでなく、森オリンピック組織委員会会長らが掲げた欺瞞だらけの「復興オリンピック」にも軽々と同調してきた。

「ＩＯＣの側にも、世界中で開催地に手を挙げる都市が減るなかで、会長自らが被災地でスポーツの意義を強調することで、五輪の力や組織の存在感を示す狙いがあった」（前掲『朝日新聞』）

それぞれの思惑で福島入りした二人の顔合わせセレモニーは、「復興オリンピック」による福島原発事故隠しのあざとさを露わにした。

「原子力緊急事態宣言」下の日本

実は、二〇一八年一〇月に、京都大学原子炉実験所元助教の小出裕章氏の「フクシマ事故と東京オリンピック」が英訳されて、バッハ会長にも送られたと聞いていた。しかし、バッハがその文書を手に取ることはなかったようだ。仮に、バッハが原発事故の実態を知れば、大きな衝撃を受けたであろう。ましてや、現地には出向かなかったのではないか。

この文書は、原子力を専門とする小出氏が福島原発事故に真正面から向き合い、冷徹に被害の重大さを抉り出すとともに、「原子力緊急事態宣言」が出されたままの状態での東京オリンピック開催を根源から批判している。紙面の関係上、要点のみを紹介したい。

「福島第一原子力発電所の原子炉は熔け落ちて、大量の放射性物質を周辺環境にばらまいた。日本国政府が国際原子力機関に提出した報告書によると、その事故では……広島原爆一六八発分のセシウム137を大気中に放出した。広島原爆一発分の放射能だって猛烈に恐ろしいものだが、なんとその一六八倍もの放射能を大気中にばらまいたと日本政府が言っている。

その事故で炉心が溶け落ちた原子炉は……広島原爆に換算すれば約八〇〇〇発分のセシウム137が炉心に存在していた。……現在までに環境に放出されたものは広島原爆約一〇〇〇発分程度であろう」

「国は積極的にフクシマ事故を忘れさせてしまおうとし、マスコミも口をつぐんでいて、『原子力緊急事態宣言』が今なお解除できず、本来の法令が反故にされたままであることを多くの国民は忘れさせられてしまっている。環境を汚染している放射性物質の主犯人はセシウム137であり、その半減期は三〇年。一〇〇年たってもようやく一〇分の一にしか減らない」

「オリンピックはいつの時代も国威発揚に利用されてきた。近年は、箱モノを造っては壊す膨大な浪費社会と、それにより莫大な利益を受ける土建屋を中心とした企業群の食い物にされてきた。今大切なのは、『原子力緊急事態宣言』を一刻も早く解除できるよう、国の総力を挙げて働くことである。フクシマ事故の下で苦しみ続けている人たちの救済こそ、最優先の課題であり、少なくとも罪のない子どもたちを被曝から守らなければならない。

それにも拘わらず、この国はオリンピックが大切だという。内部に危機を抱えれば抱えるだけ、権力者は危機から目を逸らせようとする。そして、フクシマを忘れさせるため、マスコミは今後ますますオリンピック熱を流し、オリンピックに反対する輩は非国民だと言われる時が来るだろう。……しかし、罪のない人を棄民したままオリンピックが大切だという国なら、私は喜んで非国民になろうと思う」

「原子力緊急事態宣言下の国で開かれる東京オリンピック。それに参加する国や人々は、もちろん一方では被曝の危険を負うが、一方では、この国の犯罪に加担する役割を果たすことになる」

小出氏の繰り返しになるが、二〇一一年三月一一日に起きた東京電力福島第一原子力発電所の事態を受けて政府が発令した「原子力緊急事態宣言」は、現在も解除されていない。

第8章

自滅に向かうJOC

1 危機感が感じられない理事会

具体的方策が見えない中間報告

二〇一六年三月二九日、戦争法とも言われる安全保障関連法が施行された。安倍首相とその支持層の、「筋の通らないことをオウムのように反復する能力」「非合理的な情熱」(作家・徐京植《ソキョンシク》氏の言葉)に押し切られたのである。戦争できる国へと踏み出した現実の重大さに圧迫される思いを抱きつつ、午後から都内で開かれた日本オリンピック委員会(JOC)理事会を久しぶりに傍聴した。

JOCはサッカーくじの売上金をバックに影響力を強める日本スポーツ振興センターに選手強化分野などを奪われ、存在価値が大きく弱まり、どん底の状態に陥っていた(一一二ページ参照）。以下は事務局関係者から聞いた話だ。

「危機的状況からいかに再生を図るか。職員をはじめ競技団体関係者らからの意見聴取を積み上げ、中間報告にまとめます」

理事会に臨んだのは、ほかでもない。その注目すべき中間報告が公表されるというので、じかに内容を知りたかったからである。

だが、竹田恒和会長はじめ二〇人強の理事が出席して開かれた理事会は、ＪＯＣが置かれた厳しい状況に対する危機感はもちろん、緊張感さえ微塵も感じられない雰囲気。注目していた中間報告は、「ＪＯＣの将来構想プロジェクト」と銘打たれていた。

当然ながら、ＪＯＣのよって立つ理念はオリンピズムである。その使命は次のように規定されている。

「全ての人々にスポーツへの参加を促し、健全な精神と肉体を持つ人間を育て、オリンピック・ムーブメントを力強く推進する。これを通じて、人類が共に栄え、文化を高め、世界平和の火を永遠に灯し続ける」

しかし、その規定はオリンピック憲章の根本原則から文字面を引き出してまとめただけで、平和とは何かを真剣に議論した形跡はまったくない。平和を脅かす「戦争法」が施行されたというのに、出席者全員が一切反応せず、「平和の火を永遠に続ける」と言うのだから、しらじらしいばかりだ。

核となる使命が絵空事であれば、それに則る次のようなJOCの「三つの役割」や「五つの活動」が持つ意味も希薄化してしまう。

(1)三つの役割

①アスリートの育成・強化

スポーツを通じ、オリンピズムを体現する人間力ある若者を育成するとともに競技力の向上に努める。

②国際総合競技大会の派遣・招致並びに国際化の推進

国際スポーツ組織間の交流並びに国際総合競技大会を通じ、国際相互理解を深め、平和と友好を促進する。

③オリンピズムの普及・推進

オリンピック・ムーブメントを推進し、スポーツの価値を伝え、オリンピズムの普及を図る。

(2)五つの活動

選手強化、アスリート支援、オリンピック・ムーブメント推進、国際連携、自律・自立。

JOCの活動の基本が国際オリンピック委員会(IOC)によって規定されていることもあり、従来の活動とあまり変わらないのは仕方のないことかもしれない。メダル至上主義にとことん侵されてしまっている理事たちの実状から見て、組織の再生は容易ではないであろう。

それでも、この中間報告で一つだけ評価したいのは、JOCの立ち位置を根本から見直した点だ。一九八九年八月に日本体育協会（「日体協」、現在の日本スポーツ協会）から独立して以来、JOCは競技団体や選手たちを統括するという上から目線で組織を運営してきた。しかし、選手を直接かかえているわけではないJOCにとっては、選手やその所属競技団体をサポートするのが本来の立場である。中間報告では、改めてJOCと中央競技団体との協働関係を明確にした。

「JOCにとってNF（中央競技団体：筆者注）は使命を共に果たす同志と位置付け協働します。そしてJOCはNFの立場を代表する存在となります」

ただ、肝心の「使命」についての自覚が足りず、なんのために協働するのか分かっていないように思われる。

自己満足の復興支援

東日本大震災復興支援として開催された「オリンピックデー・フェスタ」（「フェスタ」）ついての報告もあった。これは、オリンピアンやアスリートと被災地の地元民とが運動会をイメージしたスポーツプログラム（ラジオ体操、手つなぎ鬼、綱引き、大玉ころがしなど）を通してふれあう機会を提供するもので、二〇一一年一〇月から行われている。

二〇一六年度は、岩手・宮城・福島の三県一五会場で実施され、地元住民一五二一人、アスリートのべ七六人が参加したという。ちなみに一八年度も三県一五会場で実施され、大林素子《もとこ》

（バレーボール）、澤野大地（陸上）、伊藤華英《はなえ》（水泳）などアスリートのべ七六人が参加した。

ただ、「スポーツから生まれる、笑顔がある」というスローガンも含めて、このフェスタについては、ＪＯＣの安易で場当たり的な発想と自己満足を感じてしまう。同時に、参加したアスリートたちにも疑問がある。「はじめに」で紹介した赤川次郎氏の批判を再び引用したい。

「二〇二〇年のオリンピック招致に人気スポーツ選手が大挙して出かけて行ったが、次の地震への備え、放射能汚染水の処理だけでも、いくら費用がかかるか分らない現状で、『今はオリンピックどころではない』と言うスポーツ選手が一人もいないことに失望する」（前掲『三毛猫ホームズの遠眼鏡』）

多くのスポーツ選手たちが、被災者を励まし、勇気づけたいという善意を抱いているのは間違いない。しかし、被災者の受けた傷は、あまりにも大きくて深い。選手たちの励ましや勇気づけは、一時的・表面的なものにとどまらざるを得まい。むしろ、選手たちが被災地の状況に向き合ったことで感じたり考えたりした経験を、今後の生き方に何らかの形で反映させるほうが重要だろう。フェスタに参加し、地元民の笑顔を見て、被災地支援に貢献していると錯覚し、自己満足してはならない。

被災地での実体験を踏まえて、山西哲郎・立正大学教授（日本体育学会前会長）が指摘する。

「避難先で体調を崩している高齢者が多い。そういう人と会話しながら軽いストレッチ運動をしたり、廊下を一緒に歩いたりするうちに、表情が明るくなり、『楽しい』という言葉も出てきた。話をしながら身体を動かすだけでも、よい気晴らしになる。有名なスポーツ選手との交流なんかより、そのほうが真のケアにつながる」

❷ 二〇二〇年東京大会の招致疑惑

JOC会長もIOC委員も辞めると表明

二〇一九年三月一九日、東京・渋谷にある岸記念体育会館の会議室で開かれたJOC理事会には、海外の通信社も含めて異例に多くの報道関係者が詰めかけた。言うまでもなく、報道陣の関心はただ一つ、竹田会長がどのような「退任表明」をするか。正式な議題の審議終了後、竹田氏は自らの進退について口を開いた。

「東京大会を控え、世間を騒がしていることをたいへん心苦しく思っている。自分の進退について慎重に考え、次代を担う若いリーダーにJOCを託すのがふさわしいと考えた。定年となる六月の評議員会で会長を退任したい」

あわせて、例外規定で定年延長が認められていたIOCの委員も辞することを表明した。この退任表明について、数人の理事から退任の撤回を求める意見は出たものの、突っ込んだ議論にはならず、理事会は終了する。

その後は、手ぐすねを引く報道関係者が竹田氏を取り囲み、矢継ぎ早に質問を浴びせた。報道関係者には、一月一五日の記者会見で竹田氏が用意した紙を読み上げて自らの潔白を主張しただけで、一切の質問を封じて七分間で退出したことへの強い不満や憤りが、ありありとうかがえた。

二〇一八年の段階で、「選任時七〇歳未満」となっている役員選任の規定の改正による竹田氏の続投がJOCの基本路線となっていたのは、周知の事実である。それゆえ、竹田氏の「定年で退任の表明」をまともに受け取れるわけはない。路線変更の裏に二〇年の東京大会招致に関する贈賄疑惑に絡んで何らかの圧力がかかったのではないか、などと報道陣は詰め寄った。

しかし竹田氏は、「不正なことは一切していない。潔白をしっかりと証明するよう今後も努力する」と繰り返すばかり。退任に追い込まれた事情については一切、明かそうとしなかった。一方で当日、あるJOC関係者からの取材で注目すべきことが浮かび上がった。それは、竹田問題についてのIOC側の反応である。

「JOC会長の退任は当然にしても、IOC委員まで辞めるというのは意外でした。JOC会長を辞めても、名誉会長に就任すればIOC委員を続けられるし、竹田さんもそう思っていたはずです。それなのになぜ、IOC委員まで辞めると言ったのか。電話で連絡を何度か取り合ったと竹田さんが明かしていることから察して、辞任するようバッハ会長から引導を渡されたとしか考えられません」

バッハ会長の立場から言えば、引導を渡したくなるのは当然かもしれない。フランス司法当局による捜査で竹田氏の贈賄が明らかにされれば、買収された委員が暴き出され、ＩＯＣへも飛び火する可能性は大いにある。それを避ける意味でも、竹田氏の退任が好ましい、とバッハ会長は考えたにちがいない。

なにしろＩＯＣには、二〇〇二年の第一九回冬季ソルトレークシティ大会の招致をめぐる大掛かりな贈収賄事件で、一〇人のＩＯＣ委員の解任や辞任という深い傷を負った過去がある。同じことを繰り返せば、組織の存亡に関わる深刻な事態に陥る危険さえあるからだ。

しかし、竹田氏がＪＯＣ会長を退任し、ＩＯＣ委員を辞したとしても、それで東京大会招致に関わる贈賄疑惑が解決されるわけではない。竹田氏自らが、贈賄疑惑について説明責任を果たすべきである。とくに重要なのは、竹田氏がシンガポールのコンサルタント会社（後述）と契約するに至る経緯で見え隠れする、大手広告代理店・電通との関わりを明らかにすることである。

贈賄疑惑の捜査経緯

事の発端は、二〇一六年一月一四日だった。ＩＯＣ委員で、国際陸上競技連盟（「国際陸連」）前会長のラミン・ディアク氏（セネガル）の汚職疑惑（ロシアのドーピング隠し）を調査する世界アンチ・ドーピング機関の第三者委員会が、二〇年大会の東京招致をめぐり「日本側が国際陸連に協賛金を支払った」と指摘したのだ。

五月一一日には英国の新聞『ガーディアン』が、「東京オリンピック招致委員会がディアク氏の息子パパマサッタ・ディアク氏に関係するシンガポールの銀行口座に一三〇万ユーロ（約一億六〇〇〇万円）の送金をしたという疑惑がある」と報道。一方、フランスの検察当局は一二日、パパマサッタ氏に二八〇万シンガポールドル（約二億二〇〇〇万円）が支払われた疑いがあると発表した。

報道で名指しされたのは、パパマサッタ氏と親交のあるシンガポールのコンサルタント会社「ブラック・タンディングス社」（「ＢＴ社」）である。オリンピック招致委員会理事長だった竹田氏は、ＢＴ社に二回に分けて二億三〇〇〇万円を送金したことを認めたうえで、「業務に対するコンサルタント料」と述べ、疑惑を否定する。

衆議院予算委員会でも竹田氏は、「海外コンサルタントとの契約は一般的」と契約の正当性を強調したが、贈賄疑惑は深まるばかり。ＪＯＣとしても独自の調査をせざるを得なくなる。

とはいえ、結成された調査チームはＪＯＣに近い立場の弁護士らで構成されたうえ、捜査権もなく、当初から信頼度は低かった。結局、三四名の招致関係者からの聞き取り調査だけで、核心の送金先ＢＴ社の聞き取りはできないまま、「違法性なし」との報告書を出し、決着を図ろうとしたのだ。竹田氏側は「ＢＴ社にアジアや中東の情勢分析を依頼した」と言うが、コンサルタント料の使途は明らかにされていない。

疑惑が解明されないまま時は過ぎ、二〇一九年一月一一日、今度はフランスの新聞『ル・モンド』が「フランス司法当局が竹田氏を容疑者とする捜査の開始を決定」という衝撃的な報道をした。フランス司法当局は、ラミン・ディアク氏が権勢を振るい、疑惑の主舞台ともなった国際陸連の本部があるモナコでの捜査権を持っているだけに、捜査にも力が入ったようだ。

新聞報道によると、ブラジル司法当局はリオデジャネイロ大会の招致をめぐってパパマサッタ氏にブラジル企業から二〇〇万ドルを支払う仲介をした疑いで、リオデジャネイロ大会組織委員会会長だったカルロス・ヌズマン氏を二〇一七年一〇月に逮捕した。この事件でＩＯＣは、ヌズマン氏のＩＯＣ名誉委員の資格を停止する処分を下している。

カギを握る男

ここで注目すべきは、収賄側としてパパマサッタ氏の存在が明確にされことである。そこから、竹田氏とパパマサッタ氏とを仲介した人物がいたのではないか、と容易に推測できる。竹田氏は、こう発言している。

「ＢＴ社がコンサルタントとして実績があるのかどうか電通に問い合わせ、『国際陸連に強いコネクションを持っている』との報告を受けたので、契約した」

言い換えれば、ＢＴ社は電通のお墨付きを与えられたことになる。ＢＴ社はペーパーカンパニーで、イアン・タン同社代表とパパマサッタ、ディアク親子を結ぶトンネル会社だったという見方もある。事実、シンガポールのBT社の所在地は簡素なアパートで、看板もないという。つまり二億三〇〇〇万円は、パパマサッタ、ディアク親子を通じてIOC委員の投票の買収に使われた疑いがある。電通はそうした実態や疑惑の可能性を承知のうえで、「実績あり」と報告したとしか考えられない。

一連の過程で、電通の元専務取締役で、退社後も大きな影響力を持ち、オリンピック組織委員会理事にも名を連ねている、高橋治之氏（理事名簿に記載された肩書は株式会社コモンズ代表取締役会長）の存在が浮かび上がってきた。他の理事は、政治家、元オリンピック選手、スポーツ関連団体幹部などで、一人だけ異色の肩書である。なお、言うまでもなく、本書の発行元である有限会社コモンズとは何の関係もない。

電通は長年にわたって国際陸連のエージェント権を獲保し、世界陸上選手権などのマーケティングを手掛けてきた。そのなかで、高橋氏はディアク氏と親交を結んできたと言われている。一方で、一九四四年生まれの高橋氏は竹田恒和JOC前会長の兄と慶応幼稚舎からの同級生であり、恒和氏とも親交が深い。それらを総合して、高橋氏が票集めを期待できるディアク氏につながるBT社との契約を竹田氏に持ちかけた、という見方がされている。

二〇一六年五月二四日の参議院文教科学委員会では、松沢成文議員が参考人として呼ばれた竹田氏に対して、「高橋氏が今回のBT社とJOCの契約の中に絡んでいた、別の言葉で言えば、竹田会長は高橋氏に相談しながら、この契約を進めたのではないか」と指摘（竹田氏は否定）。加えて、「高橋氏については疑惑が多過ぎます……（組織委員会の）理事は降りていただく」と述べた。

さらに、月刊誌『ＦＡＣＴＡ』二〇一九年五月号によると、同誌がオリンピック招致委員会がみずほ銀行東京中央支店東京都庁出張所に開設した普通預金の入出金記録を調べたところ、高橋氏が経営する株式会社コモンズに、一七回に分けて合計九億五八二四万一二五〇円が振り込まれているという。これは、電通への振り込み額の三倍近い金額である。東京開催が決まった前後の一三年八～一一月には、合わせて約四億一〇〇〇万円が振り込まれている。何のための金かは、同誌も解明できていない。

いずれにせよ、高橋氏が竹田氏とディアク親子に関する贈収賄疑惑のすべてを知っているのは間違いない。フランス司法当局の捜査が高橋氏に及ぶかどうかが、真相を明らかにするカギとなるのは間違いない。

一五〇億円はどこへ？

第５章などで述べたオリンピック開催立候補都市への評価委員方式によって、恩恵を受けられなくなって不満を募らせたＩＯＣ委員に付け込み、立候補都市との間を仲介し、利益を得たのがコンサルタントだった。彼らの仕事で最重要視されるのは、集票のためのロビー活動である。仕事柄、表面に出ないケースが多く、どれぐらいのコンサルタントが存在しているのか実態は明らかではない。ただ、ＪＯＣ関係者はこう話す。

「東京が落選した二〇一六年大会招致の際、一五〇億円もの活動費がどこにどう使われたのかまったく不明だった。噂では三〇人ものコンサルタントがいたけれど、その多くが海千山千のいい加減な連中で、使いものにならなかったらしい。彼らの食い物にされてしまったのではないですか」

まるで他人事のような話し方だが、招致活動でＪＯＣが主導権を握れなかったことの証かもしれない。

なお正確に言うと、招致活動に要した経費は約一四九億円で、内訳は招致経費が約六五億円、オリンピック・ムーブメント推進経費が約八四億円であった。そのうち東京都の一般財源は約一〇〇億円である。

このときのコンサルタントの目に余る横行をＩＯＣも見過ごせず、登録させて公認制にすることを決めたという。買収疑惑を生み出す土壌を形成しているコンサルタントを排除せず、公認するというのだから、あきれ果てる。その結果、贈収賄疑惑を根本から断つために導入された評価委員会方式は、骨抜きにされた。こうして、拝金主義を背景に金権体質で凝り固まった一〇〇名足らずのＩＯＣ委員自らが、オリンピックを形骸化させていく。

3 JOCに再生の芽はあるのか

自国開催のオリンピックに役割を果たせないJOC

JOCは、戦前・戦後の長きにわたり、オリンピック憲章の次のような「自律」を定める規定に違反し続けてきた。

「NOCは自律性を確保しなければならない。また、オリンピック憲章の遵守を妨げる恐れのある政治的、法的、宗教的、経済的な圧力、その他いかなる種類の圧力にも対抗しなければならない」(27NOCの役割と使命6)

NOCは国内オリンピック委員会を意味し、ここではJOCを指す。

JOCは、日体協の発足以来その一機構(委員会)であり、自律した組織ではなかった。しかも、日体協自体が国庫補助金や天下り人事などを通して、文部省(現文部科学省)の政治的・経済的圧力を受けてきた。したがってJOCは、形式的にも実質的にもオリンピック憲章に違反していたことになる。

一九八九年に文部大臣から財団法人の設立許可を得て、JOCはようやく独立を果たした。ところが、それから三〇年を経た現在、独立の意味が失われそうな深刻な事態に直面している。

オリンピック憲章は以下のように定める。

「NOCはオリンピック競技大会およびIOCが後援する地域、大陸または世界規模の国際総合競技大会で自国を代表する独占的な権限を持つ。さらに、NOCはオリンピアード競技大会に選手を派遣し参加する義務がある」(27―3)

ところが、二〇二〇年東京大会について、そうした役割を果たせず、影の薄い存在でしかない。その最大の要因は、国家戦略としてスポーツ立国を目標に掲げたスポーツ基本法の成立にある(第6章2参照)。同法は前文で次のように規定している。

「ここに、スポーツ立国の実現を目指し、国家戦略として、スポーツに関する施策を総合的かつ計画的に推進するため、この法律を制定する」

こうしてスポーツ政策は国家主導で展開されることになった。前述したように、その推進薬として設置されたのがスポーツ庁であり、施策を実施するのが日本スポーツ振興センターである。現在では、JOCの中核的事業であったオリンピックに向けた選手強化まで日本スポーツ振興センターに乗っ取られた。というのも、国の競技力向上事業助成金は日本スポーツ振興センターに一本化されたうえで、JOCに交付されるからである。交付金の配分は、日本スポーツ振興センターの評価基準による。

また、東京大会の運営に当たるオリンピック組織委員会の森会長がJOCを「無能で信頼できない組織」とみなし、無視している。

さらに、日本陸上競技連盟や全日本柔道連盟などの競技団体で発生した補助金や助成金の不正使用問題や、二〇一二～一三年に発覚した女子柔道選手への暴力事件などに際して、竹田氏の会長としての管理能力の欠如が露呈した。竹田氏について、「何もやらない」「何もできない」という否定的な評価が圧倒的に多くなっていく。厳しい批判が浴びせられるなかで、決定的なダメージを与えたのが先の贈賄疑惑であった。

その疑惑について説明責任を果たさないままの竹田氏の会長退任は、二〇二〇年東京大会での役割の放棄を意味する。独立後三〇年にして、ＪＯＣは自滅同然の状態となった。

森人事による新体制

二〇一九年六月二七日に開かれたＪＯＣ評議員会で竹田氏が正式に退任し、定年で退職した他の理事の後任も決まった。

新執行部の顔ぶれは、会長が山下泰裕《やすひろ》(全日本柔道連盟会長)、副会長が田嶋幸三(日本サッカー協会会長)、橋本聖子(日本スケート連盟会長)、松丸喜一郎(日本ライフル射撃協会会長)、専務理事が福井烈《つよし》(日本テニス協会専務理事)。そのほか、学識経験者を含め四人の新常務理事も決まった。尾縣貢《おがたみつぐ》(日本陸上競技連盟専務理事)、籾井圭子(日本スポーツ振興センター審議役)、友添秀則(早稲田大学理事・スポーツ科学学術院教授)、細倉浩司(ＪＯＣ事務局長)だ。

この人選で、学識経験者枠の二人はきわめて不可解であり、「大いに問題あり」と言わねばならない。というのも、常務理事に前スポーツ庁競技スポーツ課長の籾井氏が入り、国の介入を許すことになってしまったからだ。なぜ、実績不明の籾井氏がＪＯＣの役員に就くのか、まったく理解できない。強いて推測すれば、文部科学省(国)が送り込んだ監視役?というところか。もう一人は友添氏。「御用学者を自認している」と言われるだけに、「外部有識者」として文部科学省やスポーツ庁などに深く関わっている。

国とのひも付きが明らかなこうした人事が、普通の選考によって行われたとは考えられない。裏で政治力が働いたと、容易に想像できる。それにしても、なぜ、このような人事がまかり通ったのであろうか。

タテマエにすぎないとはいえ、ＪＯＣは公益法人として独立した組織である。執行部人事という最重要な要件を自らの責任で決めるのは、当然であろう。しかるに、その責任を全うできず、組織を危うくするような人事になった。ＪＯＣ関係者は、「ＪＯＣの完敗」と受けとめている。

「明らかに森喜朗人事であり、ＪＯＣは一切関わることができませんでした。森さんの思いどおりに従うしかなかったのは、竹田会長体制があまりに弱体だったからにほかなりません。ダメ出しをされても、仕方がありません。今回の人事の重大さは、森さんは二〇二〇年東京オリンピックの後まで見通しているということでしょう」

新聞報道されているように、二〇二〇年大会終了後、ＪＯＣを再び日本スポーツ協会と合体させることを森・元日体協会長は構想している。そして、自らの影響力が強い現副会長の遠藤利明（元・東京オリンピック担当国務大臣）を合体した新組機の会長に据えるというプランが、周知のこととされている。

「国のひも付き」が露骨な山下ＪＯＣ

山下泰裕新会長について気になるのは、二〇〇一年から一八年間にわたって会長を続けた竹田氏の後任になることの重大な責任をどう認識しているかである。長期の竹田会長体制がもたらした組織的な停滞、解明されないままのオリンピック招致をめぐる贈賄疑惑など、ＪＯＣがかかえる深刻な事態をどう認識し、どう向き合おうとしているのだろうか。

会長就任から一カ月近く経って、山下会長は複数の新聞のインタビューに応じた。『東京新聞』（二〇一九年七月二四日）でのやり取りから見えてきたのは、ＪＯＣの深刻な事態についての認識の欠如、現実に追随する保守的思想といった資質である。

新会長にとって最大の関心事は、二〇二〇年東京大会で、日本が金メダル三〇個を獲得することだ。そもそも、ＪＯＣ選手強化本部長として二〇一八年六月にこの目標を設定したのは、山下氏本人である。「金メダル三〇個」について、「正直に言って、少し苦しい戦いを強いられている」としたうえで、「ＪＯＣの在り方」を問われ、こう答えた。

「スポーツ界がより良い社会づくりに果たすべき責任についての自分なりの思いはある。でも、それは二〇二〇年が終わった後に踏み出していきたい。今は五〇年、一〇〇年に一度の国家的プロジェクトを成功させるために心を一つにしていくことが最優先だ」

この発言だけでも、オリンピックの理念について山下氏がいかに無知かを曝け出している。オリンピックの競技は、個人やチーム（団体）で行われ、国家間で行われるものではないという基本的な事実を、どうやら知らないらしい。

「五〇年、一〇〇年に一度の国家的プロジェクト」と言うに及んでは、国家主義丸出しだし、「成功させるために心を一つにしていくことが最優先」というのは、森オリンピック組織委員会会長が強調する、「オールジャパン体制」や「滅私奉公」に直結する思想である。

本来、山下新会長が真っ先に取り組むべき課題は、消滅の危機にあるＪＯＣの再生の道を見出す以外にはない。そのためには、なぜ、ＪＯＣは大きな問題をかかえているのかを歴史的に検証するとともに、徹底した自己反省と自己批判が不可欠である。ところが、それに取り組もうという姿勢は見られない。

このインタビュー記事で、山下新会長は、二つの重要な質問に答えている。

まず、「国との距離感」について。

「多くの助成金をいただいている。協力しながら、社会貢献できる団体として存在感を高めたい。国と距離を置いてＪＯＣだけでやれる力はない。理想を求めても現実を直視しなければ、一歩も前に進めない」

もうひとつは、「外部人材の積極登用」について。

「外部有識者の数はもっと増やしていく。ＪＯＣを開かれた風通しの良い組織にしていきたい」

これらの答えからは、国とのつながりを重視する考えがにじみ出ている。

しかし、ひるがえって山下氏は、国の圧力によって一九八〇年第二二回モスクワ大会のボイコットが決められたとき、選手として悔し涙を流したのではなかったか。ＪＯＣという組織にとって、存在意義を根底から否定されたと言っても過言ではないモスクワ大会ボイコット問題を契機に、ＪＯＣは自立へと動き、八九年に当時の日本体育協会から独立を果たしたのだ。

そうした歴史を踏まえようとせずに、国と距離を置いてはやっていけないなどと簡単に言ってしまう。一方で、もうひとつのインタビュー（『毎日新聞（夕刊）』七月二三日）では、モスクワ大会ボイコットに別の意味でこだわりを見せ、モスクワ五輪の「幻の代表」を聖火リレーのランナーに起用したり、日本代表選手団の壮行会に招くなどを検討しているという。

だが、「幻の代表」に寄り添うという情緒的な発想によって、ボイコットの本質的な問題は消し去られている。

また、「外部有識者の数はもっと増やしていく」という答えは、今回の人事に反映されていると見られる。あるＪＯＣ幹部は、こう断定した。

「今回の人事を最終的にチェックしたのは、森さんに間違いないですよ。森さんはいまのようなＪＯＣの存在を認めず、なんとかしようと考え、その布石として籾井・友添両氏の登用人事を決めた」

森・元日体協会長の狙いは、国のスポーツ支配の強化にある。その重要な布石として、国との距離を否定する山下体制人事が断行されたと言えるのではないか。そして、山下新会長は、四人の女性理事が反対したにもかかわらず理事会の非公開を強引に決め、「開かれた風通しの良い組織」どころか、ＪＯＣを密室化してしまった。

一方でＪＯＣ内部には、「吸収すべきはＪＯＣで、日本スポーツ協会は吸収される側だ」という強硬な意見もある。その根拠について、あるＪＯＣ幹部が説明する。

「日本スポーツ協会の影響力は、明らかに落ちている。国民体育大会と指導者養成が二本柱だが、国体自体が低迷し、大会に関わる地方組織は力を失い、競技団体も信頼していない。指導者も思うように育っているとは言えない。そういう意味で、競技団体はＪＯＣの活動を信頼している。ただ、ＪＯＣそのものは財政的に自立できるんですが、肝心の各競技団体は国庫補助に頼りっきりで自立できていない。そこをなんとかして、東京オリンピック後に向けて備えを固める必要があります」

森の役員人事がＪＯＣと日本スポーツ協会との攻防戦を誘発させたのは間違いなさそうだ。

●第9章● これでいいのかオリンピック学習

1 国旗・国歌の強調

「日の丸のために頑張る」で、よいのか

オリンピックの代表になった選手たちがマスメディアから大会についての抱負を聞かれると、ほとんどといっていいほど、口をそろえて言う。

「日の丸のために頑張ります」

彼ら・彼女らは、「日の丸」を背負うことが最高の名誉だと思っている。ないしは、思い込まされている。国家の側からすれば、選手のメダル獲得こそ国威発揚にとって最大効果を狙える材料だ。当の選手たちは、「日の丸」の持つ思想的・政治的な意味に無知であり、自分たちが国威発揚の道具として政治利用されているという自覚はまったくない。

そこで、「日の丸」に隠された真実を教えてくれる、「原爆詩人」として知られる栗原貞子さんの詩「旗」の一部を紹介したい。

日の丸の赤は　じんみんの血／白地の白は　じんみんの骨
いくさのたびに／骨と血の旗を押し立てて
他国の女やこどもまで／血を流させ　骨にした
いくさが終わると／平和の旗になり
オリンピックにも／アジア大会にも／高く掲げられ
競技に優勝するたびに／君が代が吹奏される
千万の血を吸い／千万の骨をさらした
犯罪の旗が／おくめんもなくひるがえっている
「君が代は千代に八千代に／苔のむすまで」と
そのためにじんみんは血を流し／骨をさらさねばならなかった
今もまだ還って来ない骨たちが／アジアの野や山にさらされている
……
日の丸の赤はじんみんの血／白地の白はじんみんの骨
日本人は忘れても／アジアの人々は忘れはしない

この詩について私は、自著『スポーツ立国の虚像――スポーツを殺すもの Part 2』（花伝社、二〇〇九年）で、こう記した。

「栗原さんは、この詩で『日の丸』を象徴とした侵略戦争によって二〇〇〇万人ともいわれるアジアでの犠牲者をだしたこと、そればかりか戦後もそのことに対して謝罪も補償もしない、そうした日本のあり方を厳しく批判しているのだ。日の丸を誇ったり、日の丸のために頑張る、というような単純で薄っぺらな発想がいかに愚かで誤ったことか、この詩は教えてくれる」

国家間の競争ではないオリンピックで国旗・国歌を学ぶ矛盾

東京都教育委員会（「都教委」）は、都内の小学生・中学生・高校生のオリンピック学習用に一校三〇万円（特別に指定した学校には五〇万円）を支給し、年間三五時間のオリンピック学習を義務づけている。また、二〇一六年からは全児童・生徒に配布するように、『オリンピック・パラリンピック学習読本』を送付した。

この『オリンピック・パラリンピック読本』で必ず取り上げられているのが「国際儀礼」（プロトコール）で、中学校編では次のように記述されている。

「我が国の国旗や国歌を大切にすることはもとより、互いの国旗や国歌に敬意を表することは、国際社会の基本的なマナーです」（第V章5世界の中の日本人として国際マナーを知ろう）

そして、国旗の掲揚の仕方などを図入りで示している。

一方では、国旗・国歌に関する独自の授業もあった。江東区の大島西中学校では、「世界の国旗と国歌について学ぶ」という授業を二〇一七年七月二〇日に行ったという。私がそれを知ったのは『朝日新聞』の記事だ。同日の夕刊に掲載されており、「五輪来るよ　国旗・国歌学ぼう」のタイトルに驚かされた。

オリンピック憲章（第1章6）は、「個人種目または団体種目での選手間の競争であり、国家間の競争ではない」と定めている。それに対して、「国旗・国歌を学ぼう」と真っ向から反するとは、いったいどういうことなのか。何らかの意図があるのだろうか。

記事の中身を読んでみると、筆者の編集委員はオリンピック憲章への着目は一切なく、都教委が進めるオリンピック・パラリンピック学習を肯定的に捉えているだけなのだ。ともあれ、記事を読まれていない読者が多いだろうから、やや長くなるが紹介しよう。

「国旗や国歌はその国の成り立ちや言語、世界の多様性を知ることにつながる――。東京都江東区の大島西中学校……で二〇日午前、世界の国旗と国歌について学ぶ授業があった。

都教委が進める『世界ともだちプロジェクト』の一環。東京五輪・パラリンピックが開催される二〇二〇年までの間に、世界の国々のことを学ぶきっかけにしようという目的だ。

一九六四年の東京五輪の大会組織委員会で『国旗担当』だったＮＰＯ法人『世界の国旗研究協会』会長の吹浦忠正さん（七六）が講師を務めた。オランダの国歌は一五番まであることや、オランダがスペインから独立した歴史、東京・八重洲の地名はオランダ人が由来であることとなどを紹介した。

その後、七〇カ国以上の国歌をその国の言語で歌えるソプラノ歌手、新藤昌子さん(五六)がオランダ語で国歌を熱唱した。日の丸の由来や君が代ができた経緯に話題が及んだり、区と友好関係があるカナダの国歌を生徒と一緒に英語で歌ったりした」

過剰な愛国主義につながり、オリンピックの理念を脅かす国旗・国歌の問題についての無知さばかりか、「国旗・国歌を学ぼう」という授業を推奨する都教委の真の意図を理解できずにこうした記事を書くのは、無責任すぎるのではないか。「オリンピック学習」で都教委が最も重視しているのは愛国心の育成であり、国家主義の強化にほかならない。そのとき、国旗・国歌は有効な材料になる。

一方で、やはり朝日新聞編集委員の稲垣康介氏が、オリンピックと国旗・国歌の問題について二〇一三年二月にジャック・ロゲＩＯＣ会長にインタビューした貴重な記録がある。稲垣氏は「矛盾までのみこんでいく五輪の魔力――問われる開催国のメディアの視座」と題する優れた論文を『Journalism』二〇一六年七月号(朝日新聞社)に寄稿し、そのなかでロゲ会長とのやり取りを紹介している。国旗・国歌にふれた部分を引用しよう。

――五輪憲章は「個人種目または団体種目での選手間の競争であり、国家間の競争ではない」と記しながら、実際は国旗掲揚がある。国家間の争いと化しています。

「国別メダル表を載せるのはメディアだ。ＩＯＣではない。それに、メダル表は二種類ある。

金メダルの数と総メダル数。北京五輪は中国が金メダル一位で、総メダルは米国がトップ。互いに自分の国が一位だと主張していた。私が自由に選択できるなら、国旗を掲げる表彰式より、五輪旗を掲げる方を選ぶ。ただ、残念ながら国旗掲揚をやめたら、発展途上国のスポーツに対する投資の多くが消える。それが現実だ」

良識あるＩＯＣ会長とされたロゲでさえ、国家ファーストの考え方に侵されているのだ。

❷ 動員されるオリンピアンたち

冒頭で触れた意味も理解せずに「日の丸」を背負ったオリンピアンたちは、深く考えないいま、二〇二〇年東京大会に向けた「オリンピック学習」に動員されている。実際にどのような学習が行われているのか現役の教員たちに聞くと、東京都から支給される金額を講師料として、オリンピアンを招いた授業ですませている、という答えが多かった。

ＪＯＣの公式サイトによると、「『オリンピズム（オリンピック精神）』や『オリンピックの価値（バリュー）』をより身近に感じてもらうため、その体現者であるオリンピアン（オリンピック出場選手）を先生として、体育理論の学習に向けた事前啓発を目的に中学校二年生を対象に授業形式で行う『オリンピック教室』」を二〇一一年度から実施している。一八年度は六三校一九九クラスで行われ、一一年度からの総参加生徒数は二万一〇〇〇人を超えるという。一八年度は、のべ一〇六人(うち初参加が三六人)のオリンピアンが派遣された。

このオリンピック教室は、校庭での運動が一時間、教室での座学が一時間というセットになっている。問題なのは、オリンピアンたちが座学でオリンピックをどう教えられるのかだ。「必死に頑張ろう」とか「練習は嘘をつかない」とか精神論になりがちという声も聞こえてくる。

JOCでは、オリンピズムやオリンピック・ムーブメントを通しての人間教育を、これまで選手たちに対して、きちんと行ってきていない。今後の課題として、早急に具体的な施策を確立すべきである。

教師の側にも戸惑いが多いようだ。ある教師は、こう本音を吐いた。

「オリンピック学習といっても、何をやればいいかよく分からないというのが正直なところです。多くの先生は関心が薄いようで、熱心に教えているという話はあまり聞きません」

❸ オリンピック学習の闇

半数の中学校が年間三五時間の学習

都教委がすべての小・中・高校への配布を指示した『オリンピック・パラリンピック学習読本』(『オリパラ学習読本』)だが、校内に積まれたままで配られない状態が続いたようだ。これに怒った都教委が、指導を強化するようになったという。

二〇一八年度は都内の小・中学校に対してアンケートを行い、オリンピック・パラリンピック教育の実施状況を報告させた。八王子市の教育関係者から入手したその報告書から、実態を報告しよう。

まず、都教委の指示強化の結果であろうが、ほとんどの学校が「『オリパラ学習読本』を活用している」と答えている。都教委は次の五つの資質を重点的に育成することを目指している。①ボランティアマインド、②障害者理解、③スポーツ志向、④日本人としての自覚と誇り、⑤豊かな国際感覚。

それらの授業内容についてみると、多く挙げられたのは以下のとおりだ。

ボランティアマインド――地域清掃・美化活動等への参加
障害者理解――特別支援学校や学級の児童・生徒との交流
スポーツ志向――オリンピアン等のアスリートやスポーツ指導者との直接的な交流
日本人としての自覚と誇り――日本の伝統的な礼儀・作法やおもてなしの心などの学習
豊かな国際感覚――地域の留学生や外国人、インターナショナルスクール等との交流

そして、都教委が指示した「年間三五時間」の学習を行ったと報告した中学校は、ほぼ半数にのぼった。これを多いと見るか少ないと見るかは、意見が分かれるところだろう。

福島原発事故に触れないリーフフレット

教育関係者は、東京都が高校生向けに製作したリーフフレット（副教材用）にも問題があると指摘する。それは、表紙に「２０２０年。東京と東北で会いましょう。」と大書されたＡ４判で、二〇一七年度からすべての都立高校の新一年生と特別支援学校の同学年相当の生徒全員に配布された。一ページには、こう書かれている。

「『大会を通じて次代を担う若者たちに夢と希望を贈ることは、日本の将来にとっても大きな意義がある』と考え、招致を決意しました」

しらじらしい説明と思うのは、私だけだろうか。

ここで問題とされたのは、「被災地の復興は、まだ途上」の記述だ。二〇一七年と一八年に配られた冊子には、次のように書かれている。

「現在、がれき処理はほとんど終了し、道路や医療施設などはほぼ復旧し、住宅の再建も順調に進んでいます。しかしながら、震災直後に約四七万人だった避難者は、徐々に減少しているものの、いまだ約七万五〇〇〇人の方々が避難生活を送っています（二〇一八年一月一六日現在）。また、農業、観光分野において、特に福島県では、回復が遅れています」

東京電力の福島原発事故については一切触れていないのだ。「復興オリンピック」に疑問を投げ掛ける「原子力緊急事態宣言」が発せられたままで、原発事故の深刻な事態が続く現実を知られたくないということだろう。

福島大学の後藤忍准教授は、このリーフレットについて次のように批判している。

「原発事故によって生じた汚染のイメージが復興のイメージと相いれず、触れたくないという都の姿勢を感じる。……原発事故に触れないことは、数万人の避難者がなぜ今も避難を続けるかという理由を消し去ることになる」(『東京新聞』二〇一九年三月二四日)

この報道の影響があったか否かは分からないが、二〇一九年に配られた新版では、「特に福島県では、観光、農業分野において、原子力発電所事故による風評の影響が強く残っています」という記述に変えた。とはいえ、放射能汚染の実態には触れずに、「風評の影響」というのは重大なごまかしである。

半ば強制のボランティア

東京都は「オールジャパン体制」に小学生から高校生までを総動員するのに必死のようだ。教員・元教員たちが結成した「河原井さん根津さんらの『君が代』解雇をさせない会」は、『都庁前通信』(二〇一九年一月三一日号)で、「都教委、高校生を東京二〇二〇大会ボランティアに半ば強制」と厳しく批判しているので、紹介しよう。

「一二月(二〇一八年：筆者注)半ば、一都立高校生が『(教員から)とりあえず全員書いて出せと言われたんだけど、都立高校の闇でしょう』とSNSに投稿した。

東京二〇二〇大会のボランティア募集、大会ボランティアは目標の二倍に達する一六万人の応募があったが、都市ボランティア（東京都が募集して空港や駅で道案内などを行う）は締め切り二週間前になっても目標に届かなかった。そこで、都教委は都立高校全二、三年生分の応募用紙一〇万枚を各学校に送付し、再募集した。そこで起きたのが、この投稿。

〝ボランティア（志願者）〟と言うが、背景には、このような半ば強制的ともとれる『指導』があったのではないか」

東京都は二〇一八年一一月二一日に、「東京二〇二〇大会都市ボランティアの応募期間について」で、応募期間を当初の一二月五日までから二一日までに延長することを発表している。これに基づいて、一一月二六日に再募集したのだ。

「都教委は各校長に応募申し込みの提出を指示した。となれば、各校長の教員・生徒に対する指導力が問われることになる。その意を受けて、『全員書いて出せ』と半ば強制で提出させた教員が出たというのは不思議ではない。むしろ、必然だ。生徒の自主性に任せるのではなく、校長をしてかなりの強制があったと見るべきだ。

校長も教員も、この『成果』が年度末に行われる業績評価に反映することも十分意識しているだろう」

教育の場に「都立高校の闇」ならぬ、「ボランティアの闇」が広がっているのだ。

●第10章● マスメディアの翼賛的報道と招致に抗した市民

1 スポンサーとなった大手新聞社

異例の四社契約

二〇二〇年の第三二回東京大会の国内スポンサーが続々と決まるなかで、気になっていたのは新聞のカテゴリーがどうなるのかである。どの新聞社であれ、スポンサーになれば、オリンピックの真実や問題点を追求する報道ができなくなるのではないかと危惧するからだ。

二〇一六年一月二二日の『朝日新聞』一面に掲載された「『東京二〇二〇オフィシャルパートナー』に本社」の囲み記事は、そうした私の危惧の念を一気に拡大・深化させた。早速、新聞関係者に、スポンサー契約の概要を聞いてみた。

契約したのは、読売新聞東京本社、朝日新聞社、日本経済新聞社、毎日新聞社の大手四社(「読

売」「朝日」「日経」「毎日」）。契約は二〇一六年一月二一日〜二〇年一二月三一日の約五年間。契約金は一社一五億円（一年三億円）だ。

思い起こせば、その一年以上前に、日本オリンピック委員会（ＪＯＣ）のマーケティングを担当していた広告代理店関係者から、次のような話を聞いていた。

「読売が東京大会のスポンサーシップの独占契約（推定四〇億円）を狙っているようですが、その動きに反発も出ていて、事態は流動的です」

読売は、二〇〇二年から一二年間にわたって、ＪＯＣとのオフィシャルパートナー契約（推定四年間で六億円）を結んできた。その実績を有力な材料と考えていたらしい。

これに対して他社はどう動いたのか。各新聞社やＪＯＣ関係者から得た情報を総合すると、四社契約に至る経緯は以下のようだ。

読売の独占契約狙いに強く反発したのは朝日だった。二〇〇二年のＪＯＣと読売の契約に際して、朝日は「読売にしてやられた」という思いがある。東京大会に関してはなんとしても読売の独占を阻止しようと、自らの参加を強く訴えた。この朝日と読売の確執を背景に、契約をマネジメントする電通が最終的に複数社契約を決めたのだ。

「一社より複数社との契約のほうが当然契約金は多くなるし、ふだんの広告面で複数の新聞社との関係をスムーズにするという電通の内部事情などからも、よかったということでしょう」（ＪＯＣ関係者）

各社が契約を紙面で伝えた二二日にオリンピック組織委員会も、このスポンサーシップ契約を発表した。そのプレスリリースに、次のような注意書きがあった。

「(注)東京二〇二〇スポンサーシップは『一業種一社』を原則としていますが、本カテゴリーはIOC(国際オリンピック委員会)と協議の上、特例として複数の新聞社が共存することとなりました」

IOCのバッハ会長は、スポンサーシップについて一業種一社にこだわらず、共存が可能であれば複数契約も認めるという現実主義で対応したのである。

とはいえ、新聞社が四社も契約するというのは前代未聞だ。この異常事態は、新聞離れが進むなかで部数獲得に必死な各社がオリンピックに便乗しようと競い合った結果、起きたにちがいない。

その異常さを如実に物語っているのは、プレスリリースに並べられた四社の代表取締役社長コメントだろう。それらの言葉には、複数契約の意味付けはまったくない。さらに、報道機関である新聞社の社会的役割とスポンサーシップに加わることとの矛盾についての緊張感や葛藤は片鱗もみられない。

スポンサーシップ契約の前提として、各社が強調しているのは、スポーツ事業などの実績(事業の目的は拡販)であり、どのように報道するのかという肝心な点は付け足しの印象が強い。以下、コメントの要点を列挙してみよう。

読売・山口寿一社長「一二年間にわたり新聞界唯一のＪＯＣオフィシャルパートナーして日本代表選手団を応援し、二度にわたる東京招致活動も支援してきた。報道機関としては、読者の信頼に応える公正な報道に努めてきた。今後もこの立場を堅持する」

朝日・渡辺雅隆社長「これまで参加型スポーツイベントの運営、トップレベルの競技大会の主催など、数多くのスポーツ催事に携わってきた。報道の面では公正な視点を貫き、新聞社としては平和でよりよい社会めざす大会の理念に共感し、協力する」

日経・岡田直敏社長「これまで以上に良質なコンテンツを発信する。スポーツはもちろん、日本経済・社会の躍動の姿を伝える」

毎日・朝比奈豊社長「国内で最も長い伝統を持ち、報道や主催事業を通じてスポーツ界の発展に寄与してきた。スポーツの祭典を通じた平和、友好、平等の進展に努める。東日本大震災の被災地復興を後押しする」

以上のようなコメントのなかで、報道機関の発する常套句ともいえる「公正な報道」「公正な視点」という言葉に、とくに違和感を持った。

「オフィシャルパートナー」の名称どおり、スポンサーシップ契約というのは東京大会のパートナーになることを意味する。その立場で「公正な報道」「公正な視点」と言うこと自体が欺瞞でしかあるまい。

この契約について各社のスポーツ担当記者たちは、その意味や経緯の詳細を聞かされていない。「報道にどのような影響が表れるのか分からない」という声を多く聞く。

一九六四年東京オリンピック時に新聞に掲載された投書

二〇一六年一月一七日に行われた大学入試センター試験の日本史Bに、オリンピック関連の問題が出された。問題文では、二つの新聞記事が引用されている。一つは一九三八年七月一六日の『東京朝日新聞』、もう一つは一九六四年一〇月二二日の『朝日新聞』。私が印象的だったのは、「国民がオリンピックに熱狂するさなか、新聞には次のような投書が掲載された」とする、後者の記事だった。

「わたしは、いなかから上京して紡績会社で働いています。スポーツは大好きで、オリンピック競技を実際に観戦するのが夢でした。しかし、給料が安くて入場券が買えず、寮のテレビでがまんしています。わたしの働く工場は隅田川の支流の一つ、十間川沿いにあります。川の水はどろどろで、ごみが浮かび、ガスの発生で目や鼻が痛くなるほどです」

この記事を受けて試験問題では、「このように、高度成長のひずみがあらわになり始めていたのである」と結んでいる。

労働者が上げた現場からの声は、一九六四年東京オリンピックの暗部を見事に抉り出している。こうした投書の掲載には、オリンピックの裏にある真実を追求する報道姿勢が示されていると言えよう。

一九六四年の日本の大きな問題は水質汚染などの公害であり、現在の日本の最大の問題は依然として進まない東日本大震災と福島原発事故からの復興である。その深刻な現実を無視するかのように、主要テレビ局に加えて大手新聞社までが「オールジャパン体制」にスポンサーとして加わり、利益確保のためにオリンピックを盛り上げようとしている。

森オリンピック組織委員会会長のほくそ笑む様が、プレスリリースのコメントに、よく表れている。

「強力なパートナーと一緒になって、オリンピック・パラリンピックムーブメントをさらに高めていきたいと期待しています」

❷ 国威発揚に走る報道機関

ドナルド・キーン氏の違和感

二〇一六年の第三一回リオデジャネイロ大会に関するテレビ局と新聞社の報道は、日本選手の獲得メダル数を強調する「メダルラッシュ」による盛り上げ一本槍の印象が強かった。私ばかりでなく、メダルラッシュ報道の大洪水に違和感を持った視聴者や読者も少なからずいたのではなかろうか。

著名な日本文学研究者であるドナルド・キーン氏もその一人だ。『東京新聞』に長期連載していた「ドナルド・キーンの東京下町日記」に、大会終了二週間後に「五輪報道への違和感」と題した鋭い批評を書いた(二〇一六年九月四日)。そこから重要な部分をいくつか紹介したい。まず、冒頭の書き出しから。

「ようやく終わった。リオ五輪ではない。台風のような五輪報道である。連日、ほとんどの新聞は一面から社会面まで、日本人の活躍で埋め尽くされた。どれもこれも同じような写真が並んだ。どのテレビ局も似たような映像で伝えるのは、日本人の活躍だった。まるで全体主義国家にいるような気分になった」

以下、重要な指摘を取り上げる。

「五輪の理念は、国境を超えたスポーツを通じての世界平和への貢献である。国別対抗でないことが憲章に明記され、獲得メダル数の公式なランキングもない。五輪が国威発揚の場とされた過去から学んだと聞いた。にもかかわらず、メディアが率先して民族主義に陥っているかのようだ。……ニュース価値の判断やバランス感覚も大切だ。批判精神も不可欠である。それなのに『日本にメダル』と美談ばかりでいいのだろうか。/……日本人に偏りすぎ、金メダルを取った外国人については、ほとんど知ることができなかった」

「全体主義国家にいるような気分」「メディアが率先して民族主義に陥っているかのようだ」などには、メディアだけにとどまらず、オリンピックそのものがかかえる問題に切り込む鋭さがある。

オリンピック憲章にある「オリンピック競技大会は、個人種目または団体種目での選手間の競争であり、国家間の競争ではない」(第1章6オリンピック競技大会)とか「IOCとOCOG(オリンピック競技大会組織委員会：筆者注)は国ごとの世界ランキングを作成してはならない」(第5章57入賞者名簿)などの規定は完全に骨抜きにされ、有名無実になった。そして、全体主義や民族主義を取り込む形で国威発揚を狙った国家間のメダル競争が激しく繰り広げられている。

メダル獲得ランキングの大々的な報道によって、メディアは国威発揚の扇動役を果たしているといっても過言ではない。見過ごせないのは、国威発揚の道具にされ、人間としての尊厳を奪われた選手たちである。

リオデジャネイロ大会の報道に違和感を抱いたキーン氏は、同じ文章のなかで二〇二〇年東京大会に向けても危惧の念を表している。

「次の五輪は東京で開かれる。私が恐れるのは、それに向けた五輪報道で、いまだに故郷に戻れず、生活に困窮する東日本大震災や福島原発事故の多くの被災者が忘れられてしまうことだ」

「これまでにエンブレムや新国立競技場建設、招致活動での不正疑惑といった問題が発覚し、これからも別の問題が出てくるだろう。そもそも、原発事故が継続しているのに、なぜ東京なのかという疑問もある」

そのとおりである。「いまだに故郷に戻れず、生活に困窮する東日本大震災や福島原発事故の多くの被災者」のことこそ最優先して考えなければならない。森オリンピック組織委員会会長や小池東京都知事が掲げる「復興オリンピック」は、その最優先課題から目を逸らさせるスローガンでしかない。二〇一九年二月に亡くなったキーン氏は、草葉の陰でいま、どう思っているだろうか。

巨額を投じたからには視聴率

森オリンピック組織委員会会長の常套句「オールジャパン体制」や安倍首相が掲げる「一億総活躍」に共通するのは、全体主義的イデオロギーである。これに対してマスメディアは、まともに向き合えそうもない。作家の辺見庸氏は、哲学者の高橋哲哉氏との対談集で、こう断じる。

「歴代政権の中でこれほどメディアの弱みを知っている政権はないですよ。下品な言葉になりますが、安倍政権は各メディアの〝キンタマ〟を握っている」(『流砂のなかで』河出書房新社、二〇一五年)

NHKは、その象徴かもしれない。二〇一六年八月二一日に放映された「おはよう日本」で、リオデジャネイロ大会の成果と課題を解説中、担当した解説委員がオリンピック開催のメリットを五つ挙げ、真っ先に「国威発揚」を示した。

国威発揚が国家間の競争を否定するオリンピズムに反するのは、明確である。それを承知のうえで、あえて述べたとすれば、オリンピズムを有名無実なものとして無視したとしか考えられない。そこには、森や安倍の影響が及んでいるのではないか。

二〇二〇年の東京大会については、いっそう国威発揚が強調されていく可能性が大きい。というのも、NHKと民間放送連盟で構成するジャパンコンソーシアムは、一八年の冬季平昌大会と今度の東京大会を合わせて六六〇億円（負担比率は推定でNHK七割、民放三割）の放映権料契約をしているからだ。それだけの巨額を投じたからには視聴率を上げるために、徹底的に「がんばれニッポン！」の報道を繰り広げるだろう。

皮肉なことに、オリンピズムが有名無実とされ、見た目だけ華やかな巨大なスポーツショーと化したオリンピックには、国威発揚のメリットくらいしかないのかもしれない。

〝メシのタネ〟や傍観者であってはならない

かつて名古屋市のオリンピック招致に反対する市民運動の先頭に立った影山健・愛知教育大学名誉教授（体育学・スポーツ社会学）は、二〇一六年に亡くなられた。生前の影山氏は、オリンピック報道について一貫して厳しく批判した。「『東京オリンピック』招致をめぐる問題点について～『オリンピック』の変革を求めて～」（二〇一三年五月）という論文（『批判的スポーツ社会学の論理：その神話と犯罪性をつく』影山健著、自由すぽーつ研究所編、ゆいぽおと、二〇一七年、所収）では、こうしている。

「オリンピックは、新聞やテレビにとってはいわば〝メシのタネ〟になっています。オリンピックについての根本的な批判的報道はあまりお目にかかれません。オリンピックはいわば『国家的事業』（権力的事業）ですので、市民的立場からの批判的報道がもっともっとあってもよい筈です。……マスメディアは、何をどう報道するかではなく、何を報道していないかということについて、もっと反省する必要があるのではないでしょうか」

この論文で影山氏は、海外の学者らがオリンピックについてどのような問題意識を持っているかも紹介している。それらは、日本のマスメディアに大いに参考になる。

たとえば、スペインの学者、B・マーチンは、「すべてのオリンピックに反対する一〇の理由」を提示しているという。それは、オリンピックがかかえる①国家主義、②商業主義、③競争主義、④男性主義、⑤人種差別、⑥暴力主義、⑦名声主義、⑧産業技術主義、⑨見せ物主義、⑩管理主義（自由の抑圧）である。

また、オリンピックを社会との関連で論じた米国のD・A・ローズは、①あまりにも大きくなりすぎたので廃止されるべきか、②あまりにも専門主義的になりすぎたので廃止されるべきか、③あまりにも商業主義的になりすぎたので廃止されるべきか、④あまりにも政治的になりすぎたので廃止されるべきか、という疑問を投げかけたうえで、こう結論づけたという。

「オリンピックを廃止せよ。それはオリンピックがあまりにも政治的だからではなく、人間の尊厳と地球の存続のための真剣な努力に対して欺瞞的な尊敬しか払わないからである」

影山氏が取り上げた海外の学者たちのこうした問題意識や問題提起には、日本のオリンピック報道に欠けている視点が多い。今後、大いに参考にすべきであろう。

第9章で紹介した稲垣康介氏は、同じ論文でメディアのオリンピック報道が抱える問題を自己反省を含めて厳しく検証したうえで、次のように締めくくっている。

「メディアはアスリートの躍動だけに目を奪われているわけにはいかない。さまざまな矛盾をのみこんでいく五輪の魔力に立ち向かう勇気がいる。そして、旧来のスポーツ記者の枠からはみ出し、社会、世界に目を向ける。悩みつつ、『知恵と工夫が望まれる』といった丸投げ調の問題提起ではなく、自らアイデアを出す。／傍観者ではいられない」

3　市民の力で断念に追い込んだ広島オリンピック招致計画

反対が多かった世論

二〇一一年一月四日の仕事始めに、秋葉忠利・広島市長は唐突に、四月の市長選挙に出馬せず退任すると表明し、波紋を広げた。そして、「記者会見やインタビューには応じない」として、動画投稿サイト「ユーチューブ」で退任の理由を一方的に述べたのだ。前年に発表した二〇二〇年のオリンピック招致に関しては、「立候補の判断を次期市長に委ねる」と語った。

これに対して「広島オリンピックはいらない市民ネット」(二〇一〇年一二月発足)が一月一四日、秋葉市長に「二〇二〇年オリンピック招致断念を求める申し入れ」(三人の世話人代表の連名)を行った。その全文を紹介する。

「秋葉忠利市長は二〇〇九年一〇月一一日、広島・長崎両市長の共同記者会見で『二〇二〇年が核兵器のない世界実現の年と確信する。そのための記念のイベントとしてオリンピックを開きたい』と述べ、二〇二〇年ヒロシマ・オリンピック基本計画案の策定や市民説明会の開催を進めてこられました。

しかし、広島市民の支持は得られませんでした。昨年(二〇一〇年：筆者注)一一月に中国新聞が報道した世論調査結果によると、広島市内有権者のうち四四％が『反対』と答え、『賛成』は二七％にとどまりました。同じ一一月にNHK広島放送局が二〇歳以上の広島市民に聞いた結果では『反対』五四％、『賛成』二四％となっています。

以上の状況を踏まえて、次の四点を市長に求めます。
①一月四日に市長四選不出馬を表明された以上、市民の明白な意思を受け入れ、オリンピック招致検討作業はただちに取りやめ、任期中にオリンピック招致断念を表明してください。
②広島市のオリンピック招致検討担当部署を改組し、一三人の職員を市民の生活向上のための部署に振り向けてください。

③今年度予算のオリンピック関連経費をこれ以上使わないでください。
④来年度予算にオリンピック関連経費を組み込まないでください。
以上の申し入れについて一月二五日までの回答を求めます。回答は、ご自身の口から公開の席で説明されることを求めます」

しかし、秋葉市長はこの申し入れに答えようとせず、後任市長に招致継続を託すとして、副市長を後継者に推薦する。四月の市長選挙ではその候補(民主党・社民党支援)が「オリンピック誘致反対」を掲げた候補(自民党・公明党推薦)に四万八〇〇〇票の大差で敗れた。新市長は四日後の四月一四日に「誘致断念」を正式表明する。

なお、この二〇二〇年オリンピック誘致はそもそも、二〇〇九年八月に長崎市で開かれた平和市長会議総会での行動計画に以下の文言が盛り込まれたことに、端を発している。

「二〇二〇年までに核兵器廃絶を実現したあかつきにはオリンピックを広島、長崎両市で開催し、廃絶を祝えれば喜ばしい」

だが、両市の市長はオリンピックが一都市開催という原則さえ知らず、二〇一〇年一月に田上富久・長崎市長が共催断念を表明。その後、広島市の単独開催として計画案づくりが進められていった。

この出来事は、大半の読者が記憶にないかもしれない。しかし、東京大会を来年に控えたいま、多くの人たちが知るべき事柄を多く含んでいる。とくに、以下の二点が重要だ。

ひとつは、秋葉市長の独断的な招致の動きに対して、市民が追従するのではなく、反対の意志を明確に示したことである。この意味で、市民と識者らが連携して発足させた「広島オリンピックはいらない市民ネット」の存在は大きい。広島市は「被爆地の広島でオリンピックを開催することは核兵器廃絶を世界にアピールする大きなインパクトがある」と述べ、鳩山由紀夫首相も賛同していたが、ほとんどの被爆者団体はオリンピックと反核運動を結びつけることに意味はないと批判的だった。

市民運動の力とローカルメディアの報道

もうひとつは、ローカルメディアの報道である。地元紙の中国新聞も全国紙のローカル面も、秋葉市長や市当局が市民に十分な説明を行わずに招致を進めるやり方などについて、批判的な論調が多かった。この点は東京大会招致をめぐるマスメディアの報道と大きく異なる。

「広島オリンピックはいらない市民ネット」の結成に積極的に関わり、世話人代表を務めた田村和之・龍谷大学法科大学院教授と葉佐井博巳・広島大学名誉教授(二〇一九年一月逝去)は、それぞれの専門の視点からオリンピック招致の問題点を鋭く指摘した。両氏は『広島ジャーナリスト』第3号(二〇一〇年一二月一五日)の特集「ヒロシマオリンピックを考える」への寄稿文で、なぜオリンピック招致に反対するかを明らかにしている。

行政法が専門の田村氏は、「まず住民福祉の増進を」で、こう批判する。

「オリンピックを招致することになれば、その準備のための施策は最優先されるであろう。その結果、住民・市民の生命・安全、福祉の増進や人権保障に関わる施策の優先順位は、オリンピック準備のための施策の陰に追いやられることは必至である。さらに一兆円に近い借金（公債残額）を抱える広島市にとって、オリンピック開催は、身の丈をはるかにこえるものである。……一〇〇〇億円近い寄付金収入の予定は空想的なものであるが、そもそも地方自治体の寄付金募集には地方財政法違反のおそれがあり、寄付金を予定することは禁じ手である。このように考えてくると、筆者は、広島オリンピックをとうてい支持できない。それは、正気のさたでないとしか言いようがない愚策である」

原子核物理学専攻で放射線研究の第一人者である葉佐井氏は、「一過性イベントいらぬ」で次のように強調する。

「今、やっと広島は、核兵器廃絶という偉大な目標を掲げる都市として、認められるようになってきた。広島市を訪れた人々が『広島には何もなかったけれど、戦争の悲劇を、とくに核兵器の悲惨さを継承しようとしている心を感じる』と言って帰ってくれるだけでいい。広島には一過性のイベントもパフォーマンスも要らない。被爆体験の継承を地道に続けるだけでいい」

説得力に富む両氏の主張が、市民に多大な影響を与えたのは間違いない。

私は当時、広島市のオリンピック招致について通信社のインタビューを受け、コメントした。

「被爆地であることに寄り掛かった安易な発想だ。いまのオリンピックは、平和運動とは言えない。ＩＯＣに加盟している国や地域の国威発揚の場に利用され、商業主義が支配的になっている。日本ではいまだにオリンピックを最高のイベントのように扱うが、こうした実態はほとんど知られていない。核廃絶を目指す広島・長崎の両市が名乗りを上げるなら、たとえば国旗、国歌を一切排除するような大胆な提案をし、オリンピックを根本から変えないかぎり、意味がない」

広島市の「二〇二〇年ヒロシマ・オリンピック基本計画案」が首都クラスの大都市での開催しか考えない国際オリンピック委員会（ＩＯＣ）から相手にされないことを、ＪＯＣはよく分かっていた。それにもかかわらず、東広島市出身のＪＯＣ専務理事・市原則之がわざわざ広島に出向き、中国新聞のインタビューで「（招致活動を）やめるのは広島の信用に関わる」と発言した。その言動は、ＪＯＣの無責任さや欺瞞をさらけ出している。それに引き替えオリンピックをめぐる広島市民の活動は、地域社会のあるべき姿を照らし出したといっても言い過ぎではない。

第11章 パラリンピックブームへの疑問

1 戦争とパラリンピック

パラリンピックの歴史

マスメディアは、オリンピックでメダル獲得の期待をかけられた選手と同様に、パラリンピックの有望選手も大きく取り上げ、パラリンピックの盛り上げに必死だ。しかし、オリンピックとパラリンピックはそれぞれ異なる歴史を経てきている。同次元の視点で捉えて報道するのは、根本的に間違っている。

オリンピックの歴史はある程度認識されているだろうが、パラリンピックの歴史はほとんど知られていない。そこで、まず、障害者のスポーツがどのように発展してきたのかを紹介していこう。

「障害者のスポーツは、二〇世紀になって勃興してきたといっても過言ではないであろう。世界で最初に組織された障害者のスポーツクラブは、一八八八年に生まれたベルリンの聴覚障害者のスポーツクラブとされている。当初、医学的治療の一補助手段として活用されることの多かった各種の身体活動、つまり運動競技や身体運動といわれるスポーツを、障害者が人類共有の文化として楽しむまでになったのは、二〇世紀になってからの顕著な医科学の進歩による疾病構造の変化、具体的には、死亡の激減にともなう慢性的疾患や障害者の増加と、この事実に対する人びとの思想の変化、いいかえれば、障害をもつ人びとの能力をいかによく発揮させるかという、人間に対する尊厳と、その対応のしかたの変化によるものであると考えられている」（前掲『最新スポーツ大事典』）

「パラリンピックの父」と称されるのは、ドイツ生まれのルートヴィヒ・グットマンである。彼は一九四四年にロンドン郊外のストーク・マンデビル病院国立脊髄損傷センターの所長に就任。第二次世界大戦の戦闘によって脊髄を損傷し、車椅子を使用するようになった下半身マヒ者の療法（リハビリテーション）のひとつとして、スポーツを取り入れていく。そして、一九四八年の第一四回ロンドン大会の開会式に合わせて、グットマンはストーク・マンデビル病院内で一六人の車椅子使用者によるアーチェリー競技会を開催した。

一九五二年にこの競技会にオランダの選手が参加して、「国際ストーク・マンデビル競技大会」に発展。六〇年の第一七回ローマ大会では、オリンピックと同じ競技場・選手村を使って開催された。以後は原則として、オリンピック開催地で大会終了後に開くことになる。

この国際ストーク・マンデビル競技大会が「パラリンピック」と呼ばれるようになったのは、一九六四年の第一八回東京大会からだ（ただし、ローマ大会を「第一回パラリンピック」としている）。下半身マヒ者を意味するparaplegia（パラプレジア）とオリンピックとを組み合わせた、日本製の造語である。東京大会の直後に行われたパラリンピックは、第1部が国際ストーク・マンデビル競技大会、第2部がすべての身体障害者が参加する国内競技大会という構成であった。

なお、パラリンピックは一九六八年の第三回大会から八四年の第七回大会（夏季）、七六年の第一回大会から八八年の第四回大会（冬季）までは、オリンピックと異なる都市で開催されていた。同じ都市で開かれるようになったのは、八八年の第八回ソウル大会（韓国）、九二年の第五回冬季アルベールビル大会（フランス）以降である。

二〇二〇年の第一六回パラリンピック東京大会で実施されるのは、次の二二競技である。アーチェリー、陸上競技、バドミントン、ボッチャ、カヌー、自転車競技、馬術、五人制サッカー、ゴールボール、柔道、パワーリフティング、ボート、射撃、シッティングバレーボール、水泳、卓球、テコンドー、トライアスロン、車いすバスケットボール、車いすフェンシング、車いすラグビー、車いすテニス。

出場後に戦場に戻る選手も！

こうした歴史的背景から、パラリンピックを「戦争と深くつながる」として批判するのは、教育者で「障害児を普通学校へ・全国連絡会」の世話人、北村小夜さんだ。同様の指摘をしているのが、科学史などを専門とする塚原東吾氏である。

「もともとパラリンピックと戦争のつながりは深い……／一九六四年の……東京大会で選手宣誓をした日本の青野繁夫さんも日中戦争の負傷兵だった」(「戦争とパラリンピック——塚原東吾・神戸大教授に聞く」『東京新聞(夕刊)』二〇一七年一〇月四日)

この記事のリードには、「障害がある人のスポーツの祭典・パラリンピックには、アフガニスタン戦争やイラク戦争などで負傷した多くの元兵士が参加していることをご存じだろうか。……昨年(二〇一六年・筆者注)のリオデジャネイロ大会では、戦争で負傷した民間人も含め少なくとも三四人」と記されている。

そうした戦場で負傷した元兵士とパラリンピックとは深いつながりある、と塚原教授は、歴史を振り返って解明している。

「ベトナム戦争以降、二一世紀のアフガン、イラク戦争でも、戦場体験のトラウマ(心的外傷)で心を病み自殺する元兵士が社会問題になった。

こうした状況に後押しされるかのように、傷ついた元兵士を育成してパラリンピックを目指すという仕組みを欧米各国が制度化し始めたのだ。おおむね二〇〇〇年代以降のことだ。各国とは、米国、英国、ドイツなど。つまり、アフガン、イラクに兵隊を送り、戦争ができる国々である。……

驚くべきことに、こうして心身の回復を果たした元兵士の中には、戦場に戻る人もいる。／……いまのパラリンピックは戦争遂行のメカニズムに組み込まれてしまっているのが実態だ」

戦争とパラリンピックとがこれほどストレートに関わり合っているのは、驚くべきことである。米国の同盟国・日本で、選手の活躍に拍手を送っているだけではいられない。

2 いのちの序列化と政治利用

差別や利用主義の問題

北村さんはまた、パラリンピックの競技について、障害の種類・部位・程度によるクラス分けが差別を生んでいると批判する。

「年齢や性別による区分と違って、障害の軽重による分断で、普通にできない障害者を排除する、別枠のスポーツ世界を築き上げてしまっているのではないか。その範疇で、選手は競って重い区分を望む」

たしかに、障害の度合いの軽重が勝敗に大きく影響する。そのクラス分けに関わるとんでもない事件も実際に起きた。二〇〇〇年の第一一回シドニー大会の知的障害者クラスのバスケットボールで、スペインチームの選手一二人中一〇人が健常者だったというのだ。スペインは金メダルを獲得したが、当然メダルは剥奪された。せめてもの救いは、これが内部告発で発覚したことである。

ドーピングの問題も見逃せない。二〇一八年の第一二回冬季平昌大会(韓国)では、米国とイタリアのアイスホッケー選手で、ドーピング違反が明らかになった。オリンピックと同様にパラリンピックも、勝利至上主義に汚染されてしまっている。

さらに北村さんは、二〇一八年から教科化された道徳で、「障害者の選手があれほど頑張っているのだから、健常者であるあなたたちはもっと頑張りなさい」と、パラリンピック選手がお手本に仕立て上げられていることも批判する。なぜなら、パラリンピック選手(障害者)を利用するだけの存在としか考えていないからである。

(二〇一九年六月一五日に東京都内で開かれた「なぜ私たちはパラリンピック反対するのか」(主催:「オリンピック災害」おことわり連絡会)における北村さんの講演や資料を参考にした)

パラリンピックも国威発揚の道具

「オリンピックよりパラリンピックのほうがいい」という声を耳にすることが、よくある。おおおむね「ハンデを背負って、懸命に頑張る姿は感動的だ」という理由だ。

だが、たとえば車いすバスケットボール競技で、車いす同士が激しくぶつかり合う光景は、私にとって感動とはほど遠い。違和感のほうが強い。オリンピックに負けないように、エキサイティングでスリリングなプレーを見せようという狙いかもしれないが、仮にそうだとしたら大きな間違いではないだろうか。

理念を放棄し、見世物のビッグ・スポーツイベントに変質したオリンピックを、パラリンピックが真似てどうするのか。国威発揚を目指すメダル獲得競争と勝利至上主義で選手の多くがボロボロにされている現実から目を逸らし、パラリンピックも同じ轍を踏むのは許し難い。

大半の国々は、パラリンピックでも多くのメダル獲得に期待する。折から、国際オリンピック委員会（ＩＯＣ）と国際パラリンピック委員会（ＩＰＣ）はパートナーとなる覚書を交わし、二〇二〇年東京大会から一つの大会組織委員会が運営することになった。合体後の最初の大会なので、日本はこれまで以上のメダル獲得を望んでいるようだ。

もともとＩＯＣはオリンピックとパラリンピックは異なる存在として、一線を引いてきた。しかし、「オリンピック憲章の定める権利および自由は、……いかなる種類の差別も受けることなく、確実に享受されなければならない」（オリンピズムの根本原則6）と規定している以上、ＩＯＣは、パラリンピックを無視するわけにはいかない。遅ればせながら、ＩＰＣと協力する姿勢を打ち出したわけである。

両者がパートナーの関係になったゆえに、国内でも重要な変化があった。従来、パラリンピックを管轄するのは厚生労働省であったが、二〇一四年度からオリンピックと同様に文部科学省に管轄が移ったのだ。それによって、具体的にどのような変化が起きたのか。

「厚労省の管轄下ではパラリンピック選手への選手強化費は出されていませんでしたが、文科省に変わって、二〇二〇年東京大会に向けて選手強化費が支給されることになりました。また、従来からあるナショナルトレーニングセンター(筆者注:東京都北区)の近くに、国が三五〇億円かけて、パラリンピック選手も共用できる完全にバリアフリー化された第二トレーニングセンターも建設。その際、パラリンピックが開かれることで、文科省だけでなく、財務省も補助金を付けました」(JOC関係者)

この第二トレーニングセンター(拡充棟と呼ばれている)は二〇一九年六月に完成し、七月から利用されている。

いのちの序列化と障害者スポーツの分断

「パラリンピックは、日本が目指す共生社会にふさわしい」といった言説が国から流されている。それは果たして本物であろうか。私は口先だけにすぎない気がしてならない。

そうした国への不信感がどこから起きるのか考えていて、「いのちの序列化」という指摘に出会った。そして、障害者が抹殺されかねないほどの地位に貶《おとし》められてきたことを改めて認識させられた。

「いのちの序列化」とは、小松裕氏（日本近代思想史）が著書『「いのち」と帝国日本――明治時代中期から一九二〇年代（全集日本の歴史十四）』（小学館、二〇〇九年）で取り上げた概念である。

「いのち。／それは、近代国家権力のもっとも本質にかかわる存在である。国家権力は、身体のみならず人びとのいのちをも支配し、管理しようとしてやまない。その意味で、あらゆる政治は『いのちをめぐる政治』にほかならない」

小松氏は、一八九四年の日清戦争から一九二〇年代までの時期に、「いのちをめぐる政治」が明確に出現した、とする。「いのちをめぐる政治」を一言で言えば「いのち」の序列化、つまり、「人びとのいのちに序列をつけ、一方は優遇し一方は抹殺するという政策を実施し、それを人びとに当然のこととして受容させていく政策のことである」とする。

そして、「いのちの序列化」を生み出し、支えた五つの要因を挙げている。

①「文明」意識、②民族意識、③「国益」「公益」、④ジェンダー（性差）、⑤健康。

そのうえで、健康について、こう指摘する。

「一九二〇年代から強調されはじめた『健康』という観念である。『健康』であることが、イコール国家に奉仕することであるとされた。女性たちは、将来の強い兵士を産み育てるためにも、『健康』であること、丈夫であることが強制されていった。子供たちの『健康』にも社会的な注目が集まるようになった。こうして、『健康』でないと見なされた人びと（病者や障害者など）の存在が、それまで以上に強く意識されるようになった」

端的に言えば、病者も障害者も、存在してはならないとでもいうほどの最下位に位置づけられたのだ。

ひるがえってパラリンピックは、「いのちの序列化」の徹底化にほかならない。国威発揚に政治利用できる有望選手は「国益」になるから優遇され、どんどんエリート化する。そうではない障害者はスポーツから排除される。パラリンピックは障害者スポーツの世界を分断し、さらに言えば打ち壊すといっても過言ではないだろう。

加えて、パラリンピックに出場した選手たちは二〇二〇年東京大会後に厳しい環境に引き戻される、という見方をするスポーツ関係者もいる。

「東京大会に向けて、オリンピックと同様にパラリンピックに対しても、ＩＯＣ、ＪＯＣ、組織委員会から、カネの配分がありました。言ってみればバブルの状況です。でも、大会が終われば、すべて切られるでしょう。その落差は大きく、選手はかなり厳しい状態に直面すると思われます。一方で日常生活圏での障害者のスポーツ環境は、完全に置き去りにされるのは間違いないでしょう」

第12章 スポーツは誰のためのものか

1 スポーツ基本法と国益

前文で「国際競技大会での日本人選手の活躍」を強調

東日本大震災では、野球・陸上・バドミントン・ラグビーなど、有力高校の部活動や伝統ある企業のスポーツ活動への影響についてもいろいろと報道された。しかし、地域住民のスポーツ活動の動向はほとんど伝えられていない。私は住民の日常生活圏でのスポーツ活動への影響が気になっていた。言い換えれば、地域住民がどれほどスポーツ活動の主人公となっていたのかを知りたかったのだ。

地域住民を主人公とするスポーツ活動の実現は、一九六一年制定のスポーツ振興法(議員立法)の目的に「国民の心身の健全な発達と明るく豊かな国民生活の形成に寄与する」(第一条)と掲げられたように、以前から重要な課題とされてきた。そのスポーツ振興法が五〇年ぶりに全面的に見直され、新たにスポーツ基本法が二〇一一年六月に成立する（一二〇ページ参照）。同法は自民党政権のもとで立案され、政権交代した民主党などの修正を経て、最終的に超党派で構成するスポーツ議員連盟が提案した形となった。

では、スポーツ基本法はスポーツ振興法を見直しただけの意義が認められるだろうか。法律の性格や精神は、前文によく表れる。詳しく見てみよう。

その冒頭には、「スポーツは、世界共通の人類の文化である」という抽象的な言葉が掲げられている。ここでのポイントは、まず「スポーツする権利」の規定だろう。

「スポーツを通じて幸福で豊かな生活を営むことは、全ての人々の権利であり、全ての国民がその自発性の下に、各々の関心、適性等に応じて、安全かつ公正な環境の下で日常的にスポーツに親しみ、スポーツを楽しみ、又はスポーツを支える活動に参画することのできる機会が確保されなければならない」

同時に、「国際競技大会での日本人選手の活躍」が強調されている。

「国際競技大会における日本人選手の活躍は、国民に誇りと喜び、夢と感動を与え、国民のスポーツへの関心を高めるものである。これらを通じて、スポーツは、我が国社会に活力を生み出し、国民経済の発展に広く寄与するものである。また、スポーツの国際的な交流や貢献が、国際相互理解を促進し、国際平和に大きく貢献するなど、スポーツは、我が国の国際的地位の向上にも極めて重要な役割を果たすものである」

そのうえで、「スポーツの果たす役割の重要性に鑑み、スポーツ立国を実現することは、二十一世紀の我が国の発展のために不可欠な重要課題である。／ここにスポーツ立国の実現を目指し、国家戦略として、スポーツに関する施策を総合的かつ計画的に推進するため、この法律を制定する」と述べる。

このようにスポーツ基本法は、「国民経済の発展」「二十一世紀の我が国の発展」「国際的地位の向上」など、国家戦略としてのスポーツによる国益の追求を明確に打ち出している。

そのことによって、スポーツの自由さや解放性が規制され、狭められる恐れが多分にある。

広い視野でスポーツを捉えよう

私はスポーツ基本法が制定されたとき、同法に基づく具体的な施策によって、スポーツ活動や運動を国益の枠に閉じ込めようとする動きが出てくるのは間違いないと述べた。一二二ページで紹介した二〇二〇年東京大会での金メダル数の目標は、その典型的な例である。

こうした動きに対抗するためには、環境の保全や平和の創出などと関連する広い視野からスポーツ活動のあるべき姿を追求する必要がある。一つの例を挙げてみよう。

福島原発事故をきっかけに、かつて反原発運動を牽引した故・高木仁三郎氏の活動と著作に改めて光が当てられた。東日本大震災の一カ月後に刊行された著書『いま自然をどうみるか』（白水社、二〇一一年)のなかに、私たちがどう生き、どう行動するか、という問題に関連させて、「共生」についての記述がある。高木氏は、自然界の生物の共生モデルに学びながら、「平和的共生」「積極的共生」に言及し、それをさらに整理して「三つの共生」を提起する。

「第一はこの地上におけるすべての生命の共生で、私はこれをエコロジー的共生と呼ぶ。第二は、同時代的な、異なる地域、社会、文化、エスニシティーの間の共生、いわば人びとの共生である。第三が過去や将来の世代たちとの通時代的共生、主要には将来の世代との共生ということである」

この三つの共生の視点から、スポーツ活動や運動を捉え直してみると、目指すべき方向が見えてくるのではなかろうか。

2 スポーツを殺す勝利至上主義

相次ぐ暴力事件や不正

最近の日本のスポーツ界は、競技団体から学校の部活動にいたるまで、暴力、パワハラ、セクハラなどの不祥事が相次いでいる。それは、野球、バスケットボール、柔道、レスリング、体操、陸上、水泳、ボクシング、ウエイトリフティングなどなど多くの種目に見られ、危機的状況に陥っていると言うしかない。

指導者による選手への暴力が次々に発覚するきっかけになったのは、二〇一二年一二月にバスケットボールの強豪校として知られる大阪市立桜宮高校で、バスケット部主将の男子生徒が監督（部の顧問教師）の度重なる暴力によって自殺に追い込まれた事件である。翌一三年には、ロンドンオリンピック代表選手を含む一五人の女子柔道選手が園田隆二監督（元世界チャンピオン）の暴力を告発した。

一連の暴力事件でスポーツの意義や価値を否定されかねない事態に危機感を抱いたスポーツ界は、二〇一三年四月二五日に「スポーツ界における暴力行為根絶宣言」を採択した。これは、日本体育協会（「日体協」、現在の日本スポーツ協会）、日本オリンピック委員会（JOC）、日本障害者スポーツ協会、全国高等学校体育連盟、日本中学校体育連盟が共同で発表した宣言である。その「はじめに」では、こう述べられている。

「女子柔道界における指導者による選手への暴力行為が顕在化し、また、学校における運動部活動の場でも、指導者によって暴力行為を受けた高校生が自ら命を絶つという痛ましい事件が起こった。勝利を追求し過ぎる余り、暴力行為を厳しい指導として正当化するような誤った考えは、自発的かつ主体的な営みであるスポーツとその価値に相反するものである」

指導者による暴力の背後に「勝利を追求し過ぎる余り、暴力行為を厳しい指導と正当化するような誤った考え」があると認めたことは、評価できる。しかし、なぜ、「勝利を追求し過ぎる」のかという肝心な点についての解明がなされていない。

その誤った考えを引き起こす元凶は、スポーツ世界で支配的なイデオロギーとなっている勝利至上主義にほかならない。このイデオロギーを根本から否定し、克服しないかぎり、暴力行為の根絶はできない。

とはいうものの、それは容易ではない。社会全般に拡大・浸透している新自由主義の影響により、弱肉強食・優勝劣敗の価値観が定着しているからだ。とりわけスポーツ界では、歴史的に「オリンピック至上主義」（メダル至上主義）が根強く、すでに述べてきたように、ますます強化されている。

実際、宣言は出されたものの、暴力行為は続いている。二〇一八年一月には、女子レスリングの金メダリスト伊調《いちょう》馨《かおり》選手を指導していた田南部《たなべ》力《ちから》コーチらが、日本レスリング協会の強化本部長だった栄《さかえ》和人《かずひと》氏から繰り返しパワハラを受けたとして、代理人を通じて内閣府に告発状を提出。八月には、女子体操でリオデジャネイロオリンピックに出場した宮川《みやかわ》紗江《さえ》選手に対する男性コーチの暴力事件が発覚した。事態がより深刻なのは、宮川選手が「私は被害を訴えていない」と言ってコーチのパワハラを否定したことである。

加えて、二〇一四年一一月には、会計検査院が公表した一三年度決算検査報告で、JOCに加盟する一一競技団体が〇九〜一二年度に国からの補助金総額約二億七〇〇〇万円を不適正に受給していたことが明らかになった。該当団体はスキー、スケート、カーリング、カヌー、柔道、重量挙げ、セーリング、体操、テニス、フェンシング、ホッケーで、選手強化費などに使われていたという。各競技団体の杜撰な会計監査はもとより、競技団体を統括するJOCの管理能力欠如も暴き出され、厳しく批判された。

二〇二〇年東京大会まで一年を切ったが、この間、選手強化費は桁違いの額に膨れ上がっている。日本ボクシング連盟で一八年に起きた、日本スポーツ振興センターからのアスリート助成金の不正流用のような重大な不祥事が、明るみに出る可能性も少なくない。

こうした事態を受けてスポーツ議員連盟では、独自にプロジェクトチームを結成してスポーツ界の浄化策に動く。二〇一八年一二月には、国とスポーツの統括団体が各競技団体の健全化へ指導的役割を果たす「円卓会議」の設置などを求める提言を、スポーツ庁の鈴木大地長官らに申し入れた。しかし、倫理感を欠くスポーツ界の体質が健全化の前にたちはだかっている。

オリンピック至上主義の元凶は中曽根康弘

勝利至上主義の元凶であるオリンピック至上主義を日本のスポーツ界に徹底させる重大な役割を果たしたのは、一九八二年に首相に就いた中曽根康弘である。歴史をさかのぼって検証していこう。

中曽根は「日本人は経済大国の自信と滅私奉公的な愛国心を持つべきだ」として、教育改革を目的に臨時教育審議会を設置。その第三次答申（一九八七年四月）に次の内容を盛り込ませた。

「競技スポーツにおける成果は、国民一般、とくに青少年のスポーツに対する意欲をかきたて、スポーツ活動の普及・振興に好ましい影響をもたらすとともに、民族・社会の活力を増大させる」

さらに、中曽根は一九八七年九月、私的懇談会として「スポーツの振興に関する懇談会」を設けた。メンバーとして呼び集められたのは、斎藤英四郎（経団連会長）、岡野俊一郎・JOC総務主事、現役を引退したオリンピック選手の室伏重信（ハンマー投げ）、三屋裕子《みつやゆうこ》（バレーボール）、山下泰裕（柔道、現JOC会長）らである。

中曽根がこの懇談会に託したのは、「経済大国にふさわしいスポーツ大国・強国づくりをどうすれば実現できるか」である。中曽根はオリンピックでの日本の成績が不甲斐なさすぎる、と強い憤りを抱いており、それをぶつけるためにこの懇談会を設けたようだ。

たしかに、オリンピックでのメダル獲得数からみれば、当時の日本は世界第二位の経済大国にふさわしいとは言えなかった。一九八四年のロサンゼルス大会までのメダル数のトップスリーは、米国＝一六九二個、ソビエト（当時）＝八七八個、英国＝五五一個。一方、日本は二三二だった。また、日本の金メダル数は、七六年のモントリオール大会が九、ロサンゼルス大会が一〇で、六四年の東京大会の一六より少なかった。

スポーツの振興に関する懇談会が報告書を提出したのは、竹下登に首相が交代後の一九八八年三月。内容は、中曽根の意図や狙いをそのまま盛り込んだものである。

「基本認識　今日、我が国は自由世界第二位の経済力を擁し、国際社会において政治的経済的に重要な地位を占めるに至った。しかるに、競技スポーツの分野においては、オリンピック競技大会における成績にみられるように、その地位は低落している。このことは、我が国の将来を考えるとき、単に競技スポーツの問題だけに止まらない重要な問題であると我々は考える。臨時教育審議会第三次答申で述べられているとおり、『競技スポーツにおける成果は、国民一般、とくに青少年のスポーツに対する意欲をかきたて、スポーツ活動の普及・振興に好ましい影響をもたらすとともに、民族・社会の活力を増大させる』ものであり、その意味において、国際競技力の向上は、国の重要な政策課題である」

この報告に基づき、国際競技力を向上させ、オリンピックで好成績をあげることに国策として取り組む方針が打ち出され、オリンピック至上主義への大きな推進力となったのである。

それから三〇年を経た現在、森オリンピック組織委員会会長は中曽根をそっくりまねて滅私奉公的愛国心による「オールジャパン体制」を強調し、「金メダル三〇個以上獲得」を国家目標に掲げて、スポーツ界に強力なプレッシャーを与えている。

3 長方形から円へ

『近代スポーツ批判』『スポーツとは何か』(ともに三省堂、一九七七年)、『日本的スポーツ環境批判』(大修館書店、一九九五年)など多くの著作を通して、スポーツのあるべき姿を追求されたスポーツ学の権威・中村敏雄氏(二〇一一年逝去)が生前、こんな話をしてくれた。

学校の体育・スポーツ指導者を対象にしたある研修会で、中村氏は、「プールはなぜ長方形なのか」という問いを投げかけた。誰も答えられない。中村氏の説明は、こうだ。

「スピード(タイム)を競い合い、勝敗を決する、というのが近代スポーツの本質だ。それに適しているのが長方形である」

近代スポーツの本質を「長方形」という形から理解させようとする中村氏の教え方には、敬服するばかりであった。

「長方形」がスポーツのあり方を考えるうえで重要だと再認識したのは、デンマークで超領域的視点から文化・スポーツ・政治を論ずる学者、ヘニング・アイヒベルグの著書『身体文化のイマジネーション――デンマークにおける「身体の知」』(清水諭訳、新評論、一九九七年)を通して、デンマークのスポーツ活動を知ったときである。ヘニングは、著名な建築家、ル・コルビュジェの次のような言説を引用する。

「人間はまっすぐ前に足を踏みだす。それは、彼らが目的をもっているからだ。彼は、自分がどこに行くのか知っている。彼はひとつの方向を定めたのだ。そして、彼は堅い決意をもって前に向かって歩む。『直角』は、行為にとって必要かつ充分なものだ。なぜならば、それがある完全に明白な流儀の中でその空間を決定づけるようにさせるからだ」

この言説が「近代スポーツにおけるムーブメントと建築のビジョンを的確に描いている」として、ヘニングはこう指摘する。

「流線型の身体は、『直角』によってつくられた宇宙の中の一本の直線上を移動する。この空間的形態は、計画され、コントロールされ、そして規制されたひとつの行為としてのスポーツ、すなわち、戦略、戦術、そして技能に関する認識のヒエラルキーの中で、結果を生産するものの自己イメージに関係している。ひとたび事が決定されれば、スポーツ的なやり方は一直線にゴールに向かう。曲線は機能障害とされ、空間、時間、そしてエネルギーの浪費となろう。……スポーツ的で生産的な近代の人間は、詐欺師のような曲がった姿勢ではなく、まっすぐで正しい身体を示す。スポーツ建築の世界は、どのようにこの形態とかかわるのであろうか？」

そして、当時のヨーロッパでスポーツの手引書とされていた『スポーツのためのハンドブック』（一九二八年発行）を引用して、以下のように述べている。

「体操場にとって、もっとも適切な形は長方形である」

「空間が節約されなければならないプールやスイミングホールにおいて、長方形のプールの形はもっとも適したものだ」

「体育館について――これまでの体験が、長方形の形がもっとも身体訓練を実践するのに適していることを示している」

「運動場は長方形であるべきだ。なぜなら、長方形が空間を最大限に利用できるからだ」

こうした機能主義に対して、一九七〇年代後半になってドイツやデンマークから批判が起きた。ドイツでの批判の要点は、「スポーツに関する非自然的な建築材料、自然の光と気温からの分離、単機能的な構造、形式的多様性の欠如、人間の身体の大きさと無関係な巨大主義、そして、都市空間もしくはランドスケープへの統合の欠如」である。

ドイツでは、スポーツは機能性、業績、そして官僚主義的標準化に支配されていると考えられてきた。それらへの批判から、次のような要求が出された。

「スポーツ空間は、多様なスポーツやほかの文化的活動による多機能的方法で利用される可能性をもつべきである。それは、ムーブメント文化の変化するニーズにともなって変化可能であるべきだ。……内と外の空間は、一方で「親密さ」と、もう一方で開かれたランドスケープに関係した『自由』との間で、変化が可能なように重ね合わされるべきだ。光と気温は、よりダイナミックな方法で調整されるべきだ。スポーツ施設は、それら環境と関係づけて考えられ、都市建築やランドスケープに統合されなければならない」

一方デンマークでは、「近接していることと脱集中化、偶然性と多様性、非専門化、活動の混合性」などが要求された。

こうしたスポーツ建築のビジョンは、スポーツにおける草の根の民主主義や広い意味でのスポーツのエコロジカルな批判といった側面を反映しているという。そして、機能主義に対抗してスポーツ建築への創造力が生み出したのは、ラビリンス(迷宮)、カタツムリの殻、卵型や楕円、円や半円、貝やアメーバなど。その象徴と言えるのが、民衆の多様なスポーツ活動を可能にする多機能型の円形体育館である。

以上、長々とヘニングの記述を引用してきたが、最初に挙げた中村氏の問い「プールはなぜ長方形か」に答えるヒントになるのではなかろうか。

そのうえで、近代スポーツを輸入した明治以後、現在に至るまで、「長方形」一本槍で貫かれてきた日本のスポーツのあり方を批判的に検証しなければならない。

4 民衆スポーツの復権

画期的だった一九七二年の審議会答申

第二次世界大戦後、オリンピック至上主義が日本のスポーツ界を席巻するなかで、多くの日本人は、メダル獲得を最大の目標に激しい競争を繰り広げるエリート・スポーツ選手たちの存在だけがスポーツ世界のすべてのように思い込んできた。あるいは、思い込まされてきた。

一方、普通の人びとのスポーツ（民衆スポーツ）は、国民精神の作興《さっこう》や体力づくりに矮小化され、忘れ去られたに等しい。スポーツ振興法について、成立当時の荒木万寿夫文部大臣は、国会でこう答弁した。

「スポーツ振興が国民精神の健全な作興に基本的な効果もたらす」

読者のために説明しておくと、作興とは「ふるいおこす」「盛んにする」という意味である。一九二三（大正一二）年には、大正天皇が「国民精神の興制に関する詔書」を発している。

こうしてスポーツ振興法は、一九六四年の東京大会で好成績をあげるための法的裏付けの役割を果たした。

そうした流れに抗した唯一の事例は、私が知るかぎり、一九七二年の保健体育審議会（当時の文部大臣は稲葉修）の答申「体育・スポーツの普及振興に関する基本方策について」である。この審議会で主導的役割を果たした委員は、社会体育学の権威・竹之下休蔵《きゅうぞう》・東京教育大学教授やスポーツ評論家として活躍していた川本信正氏など。かつてない国民の日常生活圏のスポーツ振興を主要課題にした答申をまとめあげた。

「これまでの体育・スポーツは学校を中心に発達し、また、選手を中心とする高度なスポーツの振興に重点がおかれ、一般社会における体育・スポーツを振興するための諸条件は、必ずしも整備充実されるにいたらず、今や広く国民の要請に応じ得ない状況にある。

このような現状を打破し、長期的な展望に立って、すべての国民が、いわゆる生涯体育を実践できるような諸条件を整備するための基本方針を樹立し、真剣にその実践に取り組むべきである。

これによって体育・スポーツを振興し、人間尊重を基盤とした健全な社会を建設することこそ、今後の日本の重要な課題である。

具体的な方策としては、施設の整備充実、自発的なグループ活動の促進、指導者の養成ならびにこれにともなう資金確保などがあげられる」

そして、日常生活圏域での体育・スポーツ施設の整備基準は、人口規模別に次のよう示された。ここでは、人口一万人規模の場合を紹介しよう。

①運動広場――面積一万㎡を一カ所、②コート――面積一五六〇㎡を二カ所、③体育館――床面積七二〇㎡を一カ所、④柔剣道場――床面積二〇〇㎡を一カ所、⑤プール――水面積四〇〇㎡を一カ所（いずれも、実際に運動を行う場所の面積で、更衣室やシャワー室などは含まれない）。

このほか、人口三万人、五万人、一〇万人規模についても、それぞれ基準を示している。

一方、指導者の養成については「公共社会体育施設における指導者」という項目で、次のように述べられている。

「公共社会体育施設が、地域住民にじゅうぶん有効適切に利用されるようにするためには、体育・スポーツの専門の指導者を配置することが望ましい。

なかでも、総合の公共社会体育施設には、専任の体育・スポーツ専門の指導担当職員を配置すべきである」

この答申は、それまで置き去りにされてきた民衆スポーツの振興に光を当てる画期的な内容であった。文部省は答申の趣旨に沿って一九七三年度の予算編成を行い、施設整備補助金を前年度より倍増して約三〇億円とし、指導員養成、地方スポーツ振興事業への補助金も倍増した。

呼応した日本体育協会の労働組合

この答申が示した方向に、「選手強化と国民スポーツの振興・普及」の二本柱を標榜してきた日体協も共振した。とくに、一九七三年一月に結成されたばかりの職員労働組合は、自らの存在意義を示すように、翌年、「体協のあるべき姿」を公表した。

「まずなによりも〝国民総スポーツ〟は、運動(ムーブメント)としてとらえねばならないということである。つまり、『国民のだれもが、いつでも、どこでも自由な意思で、好むスポーツができる環境』をつくり出そうとする国民運動への『キーワード』とすべきことである。いま日本の社会に最も欠けているのが、こういったスポーツ環境であることは、すでにスポーツ界以上に多くの識者が指摘している。ここ数年、労働、厚生、環境などの諸行政が、スポーツ対策を行政に組みこまざるを得なくなっているのは、これまでの絶対的なスポーツ環境の不足を反映するものにほかならない。運動としての〝環境づくり〟には、施設や指導者などの整備充実ももちろんふくまれるが、それればかりではない。スポーツをする主体は、一人一人のスポーツ愛好者(ここでは〝スポーツマン〟という言葉で総称しておく。もちろん競技者も含む)である。その人々の自発性を刺激することも運動の重要な一環である」

「アマチュアスポーツの総本山」として日本のスポーツ界を統合・支配してきた日体協に対

して影響力を持つ職員労働組合がこうした見解を発表し、スポーツ環境の整備に取り組もうとしたことは、過小評価すべきではない。

こうして一九七二年の保健体育審議会答申は、国・地方の行政によるさまざまな振興策の実現を促し、民衆スポーツの先行きに大きな希望を抱かせた。

競争から連帯へ

ところが、その希望は一〇年足らずで無残にも打ち壊されてしまう。それが二一六ページで紹介した中曽根康弘による「経済大国にふさわしいスポーツ大国・強国づくり」である。

いま、二〇二〇年東京大会に向けて「金メダル三〇個獲得」が唯一・最大の目標とされ、そのためにヒト、モノ、カネが総動員されている。大会終了後のことは一顧だにされていない。新たな「東京改造」による環境破壊や施設の利用など、負の遺産は間違いなく残る。一方、この国のスポーツの未来がどうなるのかは、想像もつかない。

それだけに、いまこそ、いつでも、だれでも、どこでもスポーツに参加し、その楽しさや喜びを享受し、共有できるような環境づくりを成し遂げていかねばならない。そのためには、競争と勝利至上主義（オリンピック至上主義）を象徴する「長方形」ではなく、民衆の連帯によって実現する多様なスポーツを受け入れる「円」へと、発想を転換する必要がある。

その一助となるのが、一九八〇年五月に日本教職員組合（日教組）が発表した「日本のスポーツ・遊びの現状と改革提言」である。日教組が設置した「スポーツ・遊び問題検討委員会」が議論を重ねて、まとめあげた。

まず、検討の前提となる国民のスポーツへの要求をどう捉えるかについて、こう述べる。

「国民のスポーツ要求の内実は、現代という時代をより〝人間らしく生きたい〟という生きる要求・生活要求に深く根ざしている」

そして、その要求と矛盾したり、要求を歪曲するものを批判して、以下の「改革提言」に至った。要点を紹介しよう。

「1スポーツ理念の転換
①スポーツにおける勝利至上主義・エリート主義を是正し、生活に根ざしたスポーツの価値の承認につとめる。
②スポーツの権力的・政治的利用に反対し、スポーツ独自の自主的・民主的発展を図る。
③受益者負担主義の強化に反対し、公費負担による組織的条件整備の原則を確立する。
2地域・職場・学園における自主的民主的スポーツの発展のために
地域のスポーツの発展のために、教育労働者はスポーツ関係団体、少年少女組織、父母・地域住民組織などと共同し、地域の教育力の回復とスポーツの民主的発展のために努力する。
3政府・地方公共団体の体育・スポーツ行政の転換を求めて
①一九七八年一一月のユネスコ第二〇回総会で採択された「体育・スポーツ国際憲章」は、「体

育・スポーツの実践は、すべての人にとって基本的権利である」（第一条）と述べている。政府はこの憲章を確認し、国民に啓蒙し、体育・スポーツにおいて主要な役割を果たすべきである。

②施設・設備の充実。

③指導者の育成と適切な配備。

4遊び・体育の自由で創造的な発展のために

自然環境を保護し、エリート主義を排して、すべての子どもたちが遊び・体育に親しめる条件づくりを促進する。

5国民のスポーツ要求を実現するための法制度の確立を

スポーツの現代的意義と重要性を確認し、国民の自主的民主的スポーツ活動に対する条件整備のために公的財源からの支出を義務づけるとともに、国家権力の介入を排除する。

6国立スポーツ科学研究所の設置

スポーツ・子どもの遊びの向上、発展を実現するためには、研究機関が必要である。それは、国の文教・スポーツ行政から独立し、国民の期待にこたえて独自の研究課題を自由に追求し、成果を広く国民に還元することを目的とする」

これらの提言に立ち戻り、これからの進むべき道を探す手掛かりにしてはどうであろうか。

あとがき

作家の安部公房は一九八四年に出版した小説『方舟《はこぶね》さくら丸』(新潮社)に、「オリンピック阻止同盟」なる集団を登場させている。

あるオリンピック競技場に進撃したオリンピック阻止同盟のメンバーは、ハンドマイクでスローガンを繰り返す。

筋肉礼賛反対！　ビタミン剤反対！　国旗掲揚反対！

「連中の狙いは掲揚されている各国の国旗を引きずり下すことだったらしい。たしかにオリンピック会場に林立する国旗の群れは、国家のでしゃばりすぎだ。そうでなくても人間という奴は、さしたる根拠もなしに、ひいきのチームを作りたがるものである。国旗掲揚はその弱点に便乗した巧妙な点数稼ぎだ。国家ほどの巨大組織が、たかだか発達した筋肉くらいに、あれほど肩入れするというのは不自然すぎる。何かしら魂胆があるに違いない。それに強健な肉体のために国旗が掲げられ、国歌が演奏されるというのは、あきらかに一部国民に対する差別行為だ」

オリンピック阻止同盟を小説に登場させた背景について、彼はエッセイ『死に急ぐ鯨たち』(新潮社、一九八六年)で、インタビューに応えている。

「ぼく自身、国旗掲揚だとか、ああいった儀式めいたことは嫌いだけど、国家単位の競技をそれなりにたのしんでしまう心理が皆無というわけじゃないんだ。でも最近はそういう自分を批判し、反省するようになってきた。きびしく言えば、オリンピックというのはいわば国際的に容認された兵士礼讃の大合唱でしょう。要するに、国家による筋肉の誇示だ」

「涙の洪水で疑似集団を日常化し、慢性中毒状態をつくり出しているわけだ。オリンピック中継なんか、その国家的規模での総仕上げだと思うな」

「国歌が鳴りひびき、国旗が掲揚され、金メダルをとった日本選手が壇上で涙ぐむ……それを見ている無数の視聴者が、同時にほろりともらい泣きしてしまう……ひとり〇・一グラムの涙として、五千万人が見ていたら五百万グラム、約五トンの涙だよ。五トン級といったら船にしてもかなりの大きさだろう/笑いよりは涙のほうが組織力がある」

「僕にはどうも最近の世界的動向として新しい国家主義の台頭が感じられてならない。国家儀式のファッション・ショウを無理矢理に見物させられているような嫌な気分だ。最近僕は国際スポーツ競技やオリンピックなんかにも、ひどくいかがわしいものを感じはじめている。国歌と国旗と涙の式典……精神衛生上あれほど危険なものを、マスコミ総動員ではやし立てたりしていいものだろうか」

いまから三〇年以上前に、安部は国家主義への警鐘を鳴らしていた。その批判は、現在のオリンピックについても鋭く突き刺さる力を持つ。それは、二〇二〇年の東京大会に反対す「オリンピック阻止同盟」ならぬ「オリンピック災害おことわり」をスローガンに掲げて展開されている市民たちの反対運動と響き合うものがあろう。

振り返れば、二〇一四年秋にアジア太平洋資料センター（PARC）から発行されたDVD『検証！オリンピック――華やかな舞台の裏で』を監修した際に、PARCの共同代表で、コモンズ社長の大江正章氏と出会い、「オリンピックを批判的に検証する本を書かないか」と提案された。それから五年もの間、辛抱強く待ち、励まし続けてくれた大江氏の全面的バックアップのお蔭で、この本を世に出すことができた。大江氏に心から感謝する。

なお、本書の第2～4章は『月刊社会民主』の連載（二〇一七年一月号～一九年八月号）、第5～8章、第10章は『放送レポート』の連載（二六五号（二〇一一年一一月）～二八〇号（二〇一九年四月））などに書いたものを中心に、大幅に加筆・修正したものである。

二〇一九年九月

谷口源太郎

【著者紹介】

谷口源太郎（たにぐち・げんたろう）

1938年、鳥取市生まれ。早稲田大学中退。講談社、文藝春秋の週刊誌記者を経て、1985年からフリーランスのスポーツジャーナリスト。

新聞、雑誌、テレビ・ラジオを通じて、スポーツを社会的視点から捉えた批評を手がける。1994～95年に『東京新聞』に連載した「スポーツウォッチング」で、1994年度「ミズノ・スポーツライター賞」を受賞。

主著『日の丸とオリンピック』（文藝春秋，1997年）、『冠スポーツの内幕――スポーツイベントを狙え』（日本経済新聞社、1988年）、『スポーツを殺すもの』（花伝社、2002年）、『巨人帝国崩壊――スポーツの支配者たち』（花伝社、2005年）、『スポーツ立国の虚像――スポーツを殺すもの PART 2』（花伝社、2009年）など多数。

オリンピックの終わりの始まり

二〇一九年一〇月一〇日　初版発行

編著者　谷口源太郎

発行者　大江正章
発行所　コモンズ
東京都新宿区西早稲田二―一六―一五―五〇三
TEL〇三（六二六五）九六一七
FAX〇三（六二六五）九六一八
振替　〇〇一一〇―五―四〇〇一二〇
info@commonsonline.co.jp
http://www.commonsonline.co.jp/

印刷・加藤文明社／製本・東京美術紙工

ISBN 978-4-86187-161-0 C 0075